이 책을 미리 읽어본 독자들의 한마디!

대한민국 성인들이 효과적으로 영어를 학습할 수 있도록 지혜를 주는 책. 바쁜 직장인들이 효율적으로 영어를 습득할 수 있도록 도움을 주는 책.

임규남 (잡어드바이스 대표, 「회사가 키워주는 신입사원의 비밀」 저자)

"모든 영어 학습서를 대표할 실전 바이블!" 책 구매가 1,000배의 값어치가 있으며, 우리 어학원 학생들과 학부모가 모두 필독해야 할 주옥같은 책이다.

Anthony Cho (어학원 운영, 캐나다 20년 거주)

다른 사람이 만든 길을 가기는 쉽다. 나와 출발점이 같은 사람이 만든 길을 갈 수 있다면 그것은 큰 행운이다. 유학경험도 없는 평범한 직장인. 그가 만든 길이라면 못 갈 사람이 누가 있겠는가?

박진영 (회사원, 두산건설)

매일 30분씩 영어 공부에 투자하라. 어떻게 공부할지 잘 모르겠다면 이 책을 보라. 그 답을 찾을 수 있을 것이다. 어느 순간 외국 고객에게 영어로 이메일을 쓰고, 막힘없이 전화통화하는 나를 발견하게 될 것이다.

백승완 (회사원, 삼성전자)

셀프 영어 정복의 Secret을 알려주는 책. 나도 당장 큰소리로 영어 뉴스를 듣고 따라해야 겠다. 영어 때문에 스트레스받는 한국인이여, 함께 영어 정복을 향해 뛰어봅시다!

최은성 (회사원, LG Philips)

HYEJIWON ENGLISH BOOKS

패턴 영어 24시

이 책은 네이티브가 자주 사용하는 표현을 70개의 패턴으로 정리했다. 패턴마다 응용패턴 4개를 함께 수록해 총 280개의 패턴을 학습할 수 있으며, 아침 8시부터 밤 12시까지의 하루 일과를 모두 담은 24시간 패턴으로 언제 어디서든 응용할 수 있는 핵심 패턴만을 수록했다. 『패턴 영어 24시』로 실제 회화에서 자주 사용되는 핵심 문장과 표현을 선별해 똑똑하게 학습하면 누구보다 빠르게 영어 스피킹을 마스터할 수 있다.

임연수 지음/175mm×225mm/328쪽/13,800원/부록 CD 1장

기적의 영어 스피킹 트레이닝

영어 Speaking을 잘 하고 싶은데 학원을 다니기엔 돈도 시간도 부족한 당신을 위한 최고의 훈련서. 저자 직강이 담긴 DVD 동영상을 통해 집, 도서관, 지하철 장소에 상관없이 24시간 영어 Speaking을 훈련할 수 있다. 학원에서 수업을 듣는 것만큼의 효과를 기대하는 독자, 지금부터라도 제대로 공부해 영어 울렁증을 극복하고 싶어 하는 모든 독자에게 『기적의 영어 스피킹 트레이닝』을 자신 있게 추천한다.

유병조 지음/188mm×257mm/324쪽/17,000원

아이 러브 팝스 잉글리시

이 책에는 초보자도 쉽게 배우고 따라 부를 수 있는 '한국인이 제일 부르고 싶어 하는 팝송' Best 44곡을 선정하여 실었다. 영어가사, 한글해석, 핵심단어, 가사 속 주요문장, 영어대화문, 영문가사 한글표기를 실어 누구나 쉽게 팝송을 통해 영어를 배울 수 있도록 했다. 이제 부록으로 CD 2장에 담긴 팝송 44곡으로 새롭게 영어학습을 시작해보자.

김환영 지음/175mm×225mm/280쪽/14,000원

웰컴샘의 마이 러브, 팝스 잉글리시

이 책에는 초보자도 쉽게 배우고 따라 부를 수 있는 '한국인이 제일 부르고 싶어 하는 팝송' Best 44곡을 선정하여 실었다. 영어가사, 한글해석, 핵심단어, 가사 속 주요문장, 영어대화문, 영문가사 한글표기를 실어 누구나 쉽게 팝송을 통해 영어를 배울 수 있도록 했다. 이제 부록으로 CD 2장에 담긴 팝송 44곡으로 새롭게 영어학습을 시작해보자.

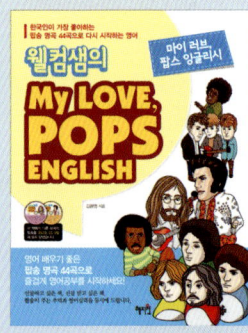

김환영 지음/175mm×225mm/280쪽/14,000원

And now, as you graduate to begin anew
이제 졸업을 하고 새로운 시작을 하는 여러분들을 위해

Chunk 발음 분석

And **now** [æn(d)-nau]

as you **graduate** to be**gin anew** [æz-ju-grædʒuei(t)-tu-bigin-ənu:]

발음심화학습

▶ begin anew [biginə-nu:] • 약모음 [ə]를 앞단어에 붙여 [비긴어-누]처럼 발음합니다.

I wish that for you. "Stay Hungry. Stay Foolish"
소망하겠습니다. 늘 갈망하십시오. 우직하게 전진하십시오.

Chunk 발음 분석

I wish that for **you** [ai-wiʃ-ðæt-fər-juː]

Stay Hungry. Stay Foolish [stei-hʌngri-stei-fuliʃ]

Thank you all very much.
감사합니다.

Chunk 발음 분석

Thank you **all very much** [θæŋk-ju-ɔːl-veri-mʌtʃ]

대한민국
영어포기자를 위한

국내파
영어연수

대한민국
영어포기자를 위한

국내파
영어연수

초판 인쇄일 _ 2013년 4월 10일
초판 발행일 _ 2013년 4월 15일
초판 2쇄 발행일 _ 2013년 9월 2일
지은이 _ 문성현
발행인 _ 박정모
발행처 _ 도서출판
주소 _ 서울시 동대문구 장안1동 420-3호
전화 _ 02)2212-1227
팩스 _ 02)2247-1227
홈페이지 _ http://www.hyejiwon.co.kr

편집진행 _ 김형진, 이희경
본문디자인 _ 이미소
표지디자인 _ 이미소
영업마케팅 _ 김남권, 황대일, 서지영
ISBN _ 978-89-8379-783-4
정가 _ 14,000원

Copyright©2013 by 문성현 All rights reserved.
No Part of this book may be reproduced or transmitted in any form,
by any means without the prior written permission of the publisher.
이 책은 저작권법에 의해 보호를 받는 저작물이므로 어떠한 형태의 무단 전재나 복제를 금합니다.
본문 중에 인용한 제품명은 각 개발사의 등록상표이며, 특허법과 저작권법 등에 의해 보호를 받고 있습니다.

● 잘못 만들어진 책은 구입한 서점에서 교환해 드립니다.

대한민국
영어포기자를 위한

국내파
영어연수

| 문성현 지음 |

Preface

저는 대한민국에 살고 있는 40세의 평범한 직장인입니다. 영어와 전혀 무관해 보이는 건축을 전공했고 유학을 다녀온 적도 없습니다. 28세의 나이에 시작한 영어공부는 현재까지 어느덧 만 11년째가 되었습니다. 지난 11년 중 8년 정도는 여러분이 지금껏 학교에서 배운 방법을 별 의심 없이 답습해 왔습니다. 무작정 단어 외우고, 귀 뚫는다고 들리지도 않는 테이프 무작정 듣고. 제가 이 글을 쓰는 이유는 지금도 여전히 제가 지난 8년간 거친 시행착오와 유사한 방법으로 시간을 보내고 있을 수많은 사람들 때문입니다. 제가 충분히 실천을 통해 검증했으니 여러분은 절대로 같은 실수를 되풀이하지 말라고 뜯어 말리고 싶기 때문입니다.

불과 2년 전까지만 해도 영어뉴스 한 토막도 제대로 듣지 못하던 제가 지금은 직접 자막을 제작하여 많은 사람에게 영어청취 노하우를 전수하고 있습니다. 지금도 서점에 나가보면 수많은 영어 학습서가 넘쳐납니다. 모두 자기가 시킨 대로만 하면 된다고 아우성입니다. 그러나 여전히 한두 가지 방법만을 강조한 내용이 부실한 교재가 태반입니다. 우리 몸에 필요한 영양소도 비타민, 단백질, 지방 등 다양한데 간단한 방법으로 쉽게 해결된다고 순진한 영어 초보자들을 울리고 있습니다. 유명 영어강사나 외국에서 오래 살다 온 사람들의 경험도 도움이 되겠지만 직장생활을 하면서 영어를 배우고 있는 저와 비슷한 환경에 있는 사람에게 도움이 되기를 바라며 이 책을 집필했습니다.

저는 20대 후반에 영어를 배우기 시작했고 대한민국 성인이 겪을 수 있는 모든 시행착오를 경험했습니다. 따라서 우리나라 성인이 왜 영어를 못하는지 너무나 잘 알고 있습니다. 저는 영어를 배우는 대한민국 직장인 대표로서 지난 3년 동안 많은 연구와 훈련 끝에 모든 실험을 마치고 그 노하우를 세상에 내놓게 되었습니다.

과거의 어떠한 학습서보다 더 가슴에 와 닿게 설명해 드릴 것입니다. 더불어 제가 제시한 자료는 대부분 뇌 과학에 의거한 객관적인 자료이며 경험에 의한 일방적 주장은 최대한 지양하려 노력했다는 점을 미리 밝혀 둡니다. 이제 나이 때문에 영어를 배우기 어렵다는 사람들은 더 이상 핑계를 찾기 어려울 것입니다.

지금도 일선 교육현장에서는 저의 학창시절과 별반 다르지 않은 독해 위주의 수업을 하고 있다고 합니다. 입시로 인한 내신위주의 교육이 바뀌지 않는 한 이러한 벙어리 영어교육은 앞으로도 계속될 것입니다. 그러나 대학 졸업을 앞둔 취업준비생에게는 난데없이 독해능력이 아닌 의사소통 능력을 요구합니다. 그러면 또 다시 영어학원에 시간과 돈을 쏟아 부어야 합니다. 안타깝게도 이런 비정상적인 행태가 21세기가 되어도 반복되고 있습니다. 대한민국은 외국어 하나 배우는 데 필요 이상의 돈과 시간을 낭비하고 있습니다.

 이제는 자신에게 필요한 목표를 설정하고 필요한 만큼의 노력을 기울이는 현명함이 절실하게 필요할 때입니다. 직장을 다니면서 하루 30분~1시간을 투자할 수 있다면 자신이 목표로 하는 수준의 영어실력을 단기간에 만들어 낼 수 있습니다. 이 책이 여러분이 그동안 낭비한 1/5의 시간과 비용으로 5배 이상 영어를 잘할 수 있는 노하우를 알려 드릴 것입니다.

 저는 약 2만여 명의 온라인 회원을 가진 인터넷 영어동호회 카페지기입니다. 10년이 넘게 오프라인 모임을 통해 매주 직장인들과 영어공부를 해왔습니다. 제가 직접 눈으로 확인한 것은 대한민국 성인 대부분이 초등학교 수준의 문장으로도 의사소통이 안 되는 걸음마 수준이라는 사실입니다. 그런데 정작 왜 자신이 알고 있는 단어조차 잘 못 듣는지 관심이 부족합니다. 이제부터 관심을 가지세요. 모든 것은 사소한 관심에서부터 시작됩니다.

 나비효과를 아시나요? 나비의 단순한 날갯짓이 지구 반대편에 태풍을 일으킬 수 있다는 이론입니다. 지금의 사소한 관심 하나가 머지않아 여러분의 영어에도 엄청난 변화를 가져다 줄 것입니다.

 영어는 결코 어렵지 않습니다. 다만 잘못 배웠을 뿐입니다. 믿기 어렵다고요? 영어 때문에 그토록 대한민국을 원망했던 제가 지금 영어를 즐기고 있습니다. 여러분도 저처럼 그 재미를 느끼고 싶지 않으세요? 두근거리는 가슴으로 영어의 바다에 몸을 던지세요. 이 책을 모두 읽고 나면 자신감이 생길 것입니다. 그러면 이미 절반을 이룬 셈입니다.

여러분의 건승을 빕니다!   저자 문성현

Contents

머리말 | 4
대한민국에서 영어란? | 10

CHAPTER 01 영어에 관한 불편한 진실

01 영어, 10년 넘게 했는데 왜 안 되죠? | 12
02 해석 잘하면 영어 잘하는 거죠? | 13
03 영어는 열심히 외우는 게 맞죠? | 14
04 영어청취, 6개월이면 진짜 되나요? | 15
05 토익 950점인데 왜 말이 안 나오죠? | 16
06 영어 잘하려면 무엇부터 해야 하나요? | 18
07 학원 다니면 영어 잘하게 되겠죠? | 19
08 문법은 꼭 알아야 하나요? | 22
09 꼭 원어민에게 배워야 하나요? | 24

CHAPTER 02 좌충우돌 영어 방랑기

01 영어와의 재회 | 27
02 토익공부, 3개월 만에 접다 | 27
03 영어회화를 시작하다 | 28
04 인터넷 카페를 개설하다 | 29
05 어학연수를 떠나다 | 30
06 우울한 귀국길 | 32
07 토익, 3개월 만에 끝내다 | 32
08 영어의 바다에 뛰어들다 | 33

CHAPTER 03 한국인이 영어 못하는 이유

01 미천한 한국인의 영어실력 | 36
02 한국인의 영어 못하는 습관 | 38
    01 또박또박 읽는 습관 | 38
    02 글자를 보고 발음하는 습관 | 38
    03 한국식 음절로 발음하는 습관 | 39
    04 한국어 어순으로 바꾸어 이해하는 습관 | 40
    05 EFL환경에서 ESL방식으로 배우는 습관 | 41
    06 언어는 기능인데 공부하는 습관 | 42

CHAPTER 04 영어와 한국어의 차이

01 조음위치가 다르다 | 44
02 강세중심의 리듬언어다 | 45
03 어순이 다르다 | 49

CHAPTER 05 영어의 원리

01 영어의 자음과 모음 | 53
    01 영어 모음의 특징 | 53
    02 영어 자음의 특징 | 55
02 영어의 음악성 (리듬) | 57
03 번역과 이해의 차이 | 58
04 영어의 서술구조 | 59
05 순서대로 이해하기 | 67
    01 to부정사 | 69
    02 전치사구 | 72
    03 관계사절 | 73
    04 분사구문 | 74
    05 설명구의 확장 | 76

CHAPTER 06 말하기를 잘하는 방법

01 듣기는 수동, 말하기는 능동이다 | 80
02 문장구조를 알아야 말이 된다 | 83
03 말을 늘려가는 방법 (문장 규칙) | 84
    01 문장의 최소형태 | 84
    02 문장이 길어지는 이유 | 85

CHAPTER 07 훈련법 이해

01 모국어 습득방식의 원리 | 92
    01 어린이보다 뛰어난 성인의 능력 | 94
02 영어청취가 안 되는 이유 | 95
    01 인지적 자력효과 | 95
    02 영어의 음악성 (리듬) | 96

03 영어의 음절체계 | 97
04 배경지식 부족 | 99

03 영어를 듣기 위한 방법 | 100
04 받아쓰기에 대한 오해 | 103
05 자막을 봐야 하는가? | 105

01 리딩이 안 되면 청취도 안 된다 | 105

06 언어는 이미지로 이해한다 | 108

01 언어의 기본, 연상 작용 | 109
02 이미지 메이킹 학습법 | 110

07 3배속 직독직해 훈련법 | 111

01 '청크'의 비밀 | 111

08 큰소리로 따라 읽어라 | 115
09 하루 한 시간이면 충분하다 | 116

CHAPTER 08 실전 훈련법

01 발음교정 훈련법 | 120
02 영어청취 훈련법 | 122

01 받아쓰기를 하라 | 123
02 받아쓰기 요령 | 125
03 영어리듬으로 읽어라 | 126

03 리딩 훈련법 | 129

01 들려도 이해가 안 되는 이유 | 129
02 올바른 독서방법 | 131
03 수준에 맞는 원서를 읽어라 | 133
04 영어원서 읽기 방법 | 134

04 스피킹 훈련법 | 135

01 영어 말하기가 안 되는 이유 | 135
02 청취와 말하기를 동시에 | 137
03 소리 내서 읽는 방법 | 138
04 영어회화를 위한 말하기 훈련 | 140
05 미국드라마 활용하기 | 141

05 효과적인 어휘 학습법 ┃ 142
06 스터디 활용하기 ┃ 145

CHAPTER 09 실천 습관 만들기

01 습관이 전부다 ┃ 148
    01 생각도 습관이다 ┃ 148
    02 원하는 것만 생각하라 ┃ 149
    03 목표설정을 습관화하라 ┃ 150
    04 새로운 습관 형성의 7단계 ┃ 152
02 상상하면 이루어진다 ┃ 152
03 자기암시를 하라 ┃ 156
    01 자기암시의 3단계 ┃ 157
04 긍정적 사고를 하라 ┃ 159
    01 긍정적인 사고습관 훈련 ┃ 160
05 멘토를 따라하라 ┃ 161
06 시간을 잘 사용하라 ┃ 162
★ 영어 잘하는 10가지 습관 ┃ 163

별책부록 1. 스티브잡스 스탠포드 졸업축사 발음 교정 훈련 교재
          2. 저자 무료 동영상강의 총 8강 (다음카페 무료수강)

대한민국에서 영어란?

대한민국에서 영어란 무엇을 말할까요? 취업 준비생에게는 토익공부, 유학을 준비하는 사람에게는 토플, 직장인에게는 영어회화가 일반적인 영어공부에 속합니다. 직장생활 10년 차인 저도 현재의 직장에 들어올 당시 토익 900점 이상을 보유했던 기억이 있습니다.

그러나 영어시험 고득점자들은 의사소통 면에서 초짜가 대부분입니다. 시험점수는 높지만 원어민과 원활한 의사소통뿐 아니라 영어뉴스나 외국영화 같은 실용영어를 이해할 수준에는 턱없이 부족한 것이 현실입니다.

저도 10여 년 전에 토익 900점을 넘고도 영화관에서 대사를 한마디도 알아듣지 못했던 가슴 아픈 기억이 아직도 생생합니다. 영어점수와 영어 실력은 크게 상관이 없다는 사실을 그때 깨달았습니다.

최근에는 대기업 채용요건에서 토익점수를 하향 조정하거나 아예 토익 항목을 배제하고 영어면접 등을 통해 평가하는 방식으로 바뀌어가고 있습니다. 그러나 취업준비생에게는 진짜 영어실력을 쌓는 것보다 일단 토익 점수라도 만들어 놓지 않으면 안 될 것 같은 절박한 마음 때문에 울며 겨자 먹기로 지금도 토익점수에 목을 매고 있는 게 현실입니다.

시험을 피할 수 없다면 열심히 공부해서 최대한 빨리 졸업하는 수밖에 없습니다. 영어강사도 아니고 전공자도 아닌 제가 이 글을 쓰고 있는 이유는 그동안 겪은 시행착오를 토대로 많은 학습자가 잘못된 학습법을 대물림하지 않도록 올바른 방향제시를 하기 위해서입니다.

이 책이 영어를 영어답게 이해하고 배우는 데 도움이 되고, 더불어 여러분의 영어실력에 날개를 달아줄 수 있기를 바랍니다.

CHAPTER 01

영어에 관한 불편한 진실

01
영어, 10년 넘게 했는데 왜 안 되죠?

대한민국에서 영어를 배운 사람들은 영어를 10년 이상 배웠는데 실력은 별로 달라진 게 없다고 억울해합니다. 과연 우리가 영어에 그만큼 많은 시간을 투자한 걸까요?

하루는 24시간, 잠자고 밥 먹는 시간 10시간 정도를 제외하면 하루 14시간, 10년은 51,100시간입니다. 10년 동안 하루도 안 빠지고 1시간씩 공부했다고 가정해도 3,650시간밖에 안 됩니다. 주말에는 쉬어야 하니까 2,607시간, 그러면 108일이니까 3개월 조금 넘는 정도가 되겠죠. 10년이 아니라 3개월 정도 공부한 게 맞습니다. 전혀 억울해할 필요가 없습니다. 절대 10년 동안 영어를 배운 것이 아닙니다. 오히려 영어를 접한 지 10년 되었다는 표현이 더 맞습니다. 10년 전에 딴 장롱면허로 약 3개월 정도 운전한 사람이 '난 운전을 왜 이렇게 못하지?'라고 말하는 것과 다르지 않습니다.

기간은 그렇다 치고 그 기간 동안 말하는 연습은 하지 않고 문법만 공부한 사람은 운전연습은 하지 않고 운전법규만 공부한 것과 마찬가지입니다. 수영을 배우려는 사람이 물에 들어가지는 않고 물 밖에서 숨 쉬는 법, 발차기, 팔 젓는 법만 배우고 있다면 과연 수영을 할 수 있을까요?

문법책이나 수험용 서적을 공부하면서 유창한 영어 말하기를 꿈꾼다는 건 노래 연습은 하지 않고 음악이론만 공부하고 가수가 되겠다는 것과 같습니다.

영어 시험점수는 노래방 점수와 같은 겁니다. 점수가 높다고 실제로 영어를 잘할 것이라 착각하면 안 됩니다. 시험점수를 높이려면 시험영어를 열심히 공부하면 됩니다. 듣고 말하는 실전영어를 잘하려면 실제로 말하는 연습을 부단히 해야 합니다. 영어는 절대로 거짓말을 하지 않습니다.

02
해석 잘하면
영어 잘하는 거죠?

혼자 운전하면서 '빨간불이 나오면 정지해야지, 모퉁이가 나오면 우회전 해야지'라고 중얼거리는 사람이 있다면 정상이 아니라고 생각하겠죠? 영어를 한국어로 일일이 따지며 해석하는 사람이 바로 그런 사람입니다. 야구 해설 잘하면 야구 잘하는 사람인가요? 야구는 직접 하는 야구선수가 잘하게 되는 것입니다.

원어민 영어회화 클래스를 들여다보면 정말 가관입니다. 학생은 멍하니 듣고 있고 원어민 강사는 열심히 이야기하고 있습니다. 연습해야 할 사람은 구경하고 있고 잘하는 사람은 도리어 연습하고 있습니다. 뭐든지 자기가 직접 해야 잘하게 되는 겁니다.

한국인이 한국어를 읽을 때 해석하지 않고 바로 이해하는 것처럼 원어민도 영어를 읽을 때 해석하지 않습니다. 해석하지 않고 내용을 이해하기 위해서는 모든 단어나 문장이 자연스럽게 이미지로 그려져서 흡수되어야 합니다.

우리는 아기에게 사과 그림을 보여주며 '애뻘'이라고 소리를 들려주지만 굳이 사과의 뜻을 사전을 펴가며 해석해서 설명해 주지 않습니다. 아기는 '사과'라는 소리를 듣고 머릿속에서 자연스럽게 사과의 이미지를 떠올립니다. 따라서 평소에 영어를 접할 때 '이미지 그리기' 연습을 하는 것이 매우 좋습니다. 조금 더 발전하면 어떤 문장을 들으면 상황이 머릿속에 그려지게 됩니다. 영어실력이 향상된다는 것은 해석을 하지 않고 이미지로 이해할 수 있다는 뜻이기도 합니다. 한국어로 해석하는 습관을 버려야 영어를 잘할 수 있습니다.

03
영어는
열심히 외우는 게 맞죠?

'수영은 외우는 거야, 운전은 외워야 한다, 자전거 타는 법을 외워야 해' 라고 얘기하는 사람이 있다면 '별 이상한 사람 다 보겠네'라고 생각하겠죠? 그런데 왜 영어는 외운다는 표현이 어색하지 않을까요?

바로 그놈의 시험 때문입니다. 우리는 그동안 영어를 언어로 대한 것이 아니라 점수를 위한 시험과목으로 대해 왔습니다. 영어는 많이 억울해합니다. 시험을 위해 태어난 게 아니니까요. 시험은 외워서 머리에 담아야 합니다. 평상시 영어에 신경 끄고 살다가 시험 때만 되면 벼락치기로 냅다 외웁니다.

언어는 시험공부의 대상이 아닌 습관처럼 터득해야 하는 젓가락질과 같은 것입니다. 설마 젓가락질을 공부해서 터득하지는 않을 것입니다. 영어는 습관입니다. 영어를 잘하는 사람들을 살펴보면 공부라고 생각하는 이가 없습니다. 산책이나 좋아하는 커피를 시간 날 때마다 마시는 습관과 같은 것입니다. 영어는 배워서 익히는 것이고 토익 같은 시험은 공부해서 외우는 것입니다.

노래를 공부한다는 말은 가수 지망생이 노래는 안 하고 음악사, 작곡, 악기의 종류 등을 공부하고 필기시험을 통해 점수를 받는 것과 같습니다. 시험을 잘 보려면 배운 내용을 열심히 책상에 앉아 공부해야 하지만, 노래는 평상시에나 술을 마시고 노래방에 가서 부르는 '연습'을 통해 잘하게 되는 겁니다. 영어도 운동이나 노래와 같습니다. 아직도 예전의 저처럼 영어를 도서관에서 공부하는 사람들이 많습니다. 영어공부는 이제 그만해도 됩니다.

04
영어청취,
6개월이면 진짜 되나요?

언제나 속을 준비가 되어 있는 영어 초보자를 울리는 달콤한 속임수입니다. 시간은 부족하고 영어는 꼭 해야 하는 사람들의 심리를 이용한 맞춤형 상품이 여기저기 독버섯처럼 많이 나와 있습니다.

'3년만 하면 영어가 된다'라는 식의 제목은 절대 주의를 끌지 못합니다. 조급한 사람에게는 짧은 시간에 뭔가 만들어줄 것 같은 책이 구세주처럼 느껴집니다. 단기간을 나타내는 숫자가 반드시 들어가야 합니다.

결론부터 말하자면 영어는 6개월이나 1년 안에 절대로 끝낼 수 없습니다. 한국어를 배우는 외국인이 한국어를 6개월 만에 끝내겠다는 것과 같습니다. 우리는 태어나 아기였을 때 부모님으로부터 1년 넘도록 매일 '엄마, 아빠'를 말해보라고 강요받습니다. 그러다 어느 날 겨우 '음마, 으빠' 정도 말하면 부모님은 우리 아이가 말을 잘한다고 천재라고 호들갑을 떱니다. 그런데 영어는 왜 6개월 만에 끝낼 수 있다는 허황된 꿈을 꾸는 걸까요?

아이들은 갓난아기 때부터 시작해서 두 돌이 될 때까지 수면시간을 제외하고 하루 4시간×365일×2년=2,920시간 모국어에 노출됩니다. 즉, 본인의 의사를 전달하는 데 적어도 3,000시간이 축적되어야 합니다. 만 5세까지는 하루 평균 8시간씩 8,760시간, 약 9,000시간이 누적됩니다.

정리하면 인간이 기본적인 의사전달을 하는 데 필요한 시간은 약 3,000시간이고, 일상생활에서 원활한 의사소통을 하는 데 필요한 시간은 약 9,000시간이라는 결론이 나옵니다.

직장인의 하루일과를 살펴보면 아침 출근준비부터 퇴근하기까지, 퇴근 후 이어지는 술자리와 귀가 후 자녀들 취침 전까지 영어를 접할 여유를 쉽게 허락하지 않습니다. 이런 환경에서 과연 높은 수준의 영어실력을 기대할 수 있을까요? 게다가 성인의 뇌는 모국어를 구사하기 적합하게 조직화 되어 있기 때문에 너무 어렵다고 처음부터 포기하는 사람도 많습니다.

하지만 다행히 성인에게도 효과적인 방법이 있습니다. 제대로, 열심히 노력하면 성인도 2~3년 안에 본인에게 필요한 수준만큼 영어를 잘할 수 있습니다. 주변에 성인이 되어서도 단기간에 영어를 정복한 사람들이 그 대안을 제시해 주고 있습니다. 영어가 6개월 만에 된다는 말을 너무 믿으면 나중에 크게 상처받습니다. 언어는 정해진 기간 안에 끝낼 수 있는 것이 아니라 평생 배워야 하는 겁니다.

요즘 유행하는 신조어 중 '멘붕(멘탈붕괴)'이라는 용어가 있습니다. 한국에 10년째 살고 있는 미국인이 '멘붕'의 뜻을 이해할 수 있을까요? 언어는 계속 배워야 합니다. 절대로 끝내면 안 됩니다.

05
토익 950점인데 왜 말이 안 나오죠?

얼마 전 어느 유명 토익학원 수강후기에 3개월 만에 500점에서 975점으로 점수가 올랐다는 글을 보았습니다. 어떻게 해석해야 할까요? 보통의 경우 약 1년 정도 준비해야 900점 이상의 점수를 얻을 수 있습니다. 과연 3개월 만에 영어를 정복한 걸까요? 3개월 만에 한국어 능력시험 만점 맞았다고 한국어를 정복했다고 말할 수 있을까요?

단기간에 토익이라는 영어시험을 정복한 것입니다. 시험은 눈과 귀로 들어오는 입력(Input) 내용을 이해했는지 테스트하는 도구입니다. 말하기, 쓰기는 출력(Output)이므로 말하기를 잘하려면 Output 훈련을 따로 해야 합니다.

말을 잘하려면 시간이 날 때마다 목이 터져라 주구장창 따라 읽어야 합니다. 외교관인 아버지 덕에 오랜 기간을 외국에서 생활한 나승연 아나운서는 평창 동계올림픽 유치를 위해 약 5분 분량의 프레젠테이션을 100번도 넘게 연습했다고 합니다. 그녀가 영어를 못해서 그렇게 연습을 한 게 아닙니다.

이렇게 말이란 연습을 하지 않으면 입에서 자연스럽게 나오지 않습니다. 취업 준비에 요구되는 토익공부를 아예 하지 말라는 뜻은 아닙니다. 필요조건은 갖추어야 하지만 토익점수가 영어실력이라고 생각하면 안 된다는 것입니다. 영어는 시험이 아니라 자신을 위해 하는 것이니까요.

'1만 시간의 법칙'이라는 것이 있습니다. 어느 분야의 진정한 전문가가 되기 위해서는 하루 3시간, 일주일에 약 20시간씩 10년을 쏟아 부어야 한다는 내용입니다. 우리가 잘 알고 있는 '빌 게이츠, 스티브 잡스, 안철수, 김연아, 박지성'과 같은 사람들은 모두 자기 분야에서 1만 시간의 연습량을 뛰어 넘었다고 합니다.

'알고 있다'는 말의 뜻은 뭘까요? 읽어서 이해할 정도 알면 안다고 할 수 있을까요? 눈으로 보고 이해는 되지만 입에서 나올 정도로 알지 못한다는 뜻입니다. 언젠가 본 적이 있는 영어표현이 입으로 쉽게 나오지 않는 이유는 간단합니다. 말하기 연습이 부족하기 때문입니다. 말하기는 입으로 하는 겁니다.

언어는 셀 수 없이 반복적인 Input과 Output 훈련이 병행되어야 작동됩니다. 머리가 아닌 입이 기억할 정도로 많은 양을 소리 내어 읽어야 합니다. 또한, 작심삼일이 되지 않기 위해서는 반드시 자신이 좋아하는 것, 자신과 관련이 있는 내용으로 해야 합니다. 자신의 관심사와 다른 내용은 중도에 포기하기 쉽습니다.

06
영어 잘하려면 무엇부터 해야 하나요?

어떻게 하느냐도 중요하지만 무엇을 하느냐도 대단히 중요합니다. 우선, 자신이 어떤 영역의 영어를 잘하고 싶은지 정확히 알아야 합니다. 영어를 공부하는 목표와 필요한 만큼의 노력을 들이는 방법이 가장 현명한 선택입니다. 절대로 불필요한 영어공부에 시간을 낭비하지 말라는 것입니다.

영어회화 능력이 필요한 직장인이 토익이나 토플 등의 시험영어를 붙잡고 있다거나, 반대로 시험점수가 필요한 취업준비생이 미국영화의 슬랭만 열심히 외우고 있는 것이 문제입니다. 시험점수가 필요한 사람은 시험공부를 열심히 하고 말하기, 즉 구어체 영어를 잘 구사하고 싶은 사람은 영화나 드라마, 구어체 표현 습득에 시간과 노력을 집중적으로 투자해야 합니다. 영어소설만 읽으면서 말하기 능력을 바란다거나 토익공부를 하면서 영어 프레젠테이션을 유창하게 할 수 있기를 바라면 안 됩니다. 무엇을 할 것인지 결정할 때, 자신에게 가장 필요한 것과 관심사를 가장 먼저 고려해야 합니다.

영어의 영역을 간단히 분류해 보면 시험영어(TOEIC, TOEFL 등), 실용영어(영어회화), 업무영어(발표, 토론)와 같이 약 3가지로 정리됩니다. 자신에게 필요한 영어를 먼저 정복하세요. 그런 다음 다른 영역으로 조금씩 확장해 나가야 중도에 포기하지 않을 확률이 높습니다.

많은 사람이 '영포자(영어를 포기하는 자)'가 되는 이유는 자신에게 필요하지 않은 공부를 의무감으로 하기 때문입니다. 의무감으로 하는 것은 영어뿐 아니라 어떤 대상이라도 지겹고 흥미를 느끼기 어렵습니다. 자신이 필요해서 할 때 비로소 즐거움이 되고 지속성도 가질 수 있습니다.

제가 11년 동안 영어공부를 지속할 수 있었던 비결이 바로 그것이었습니다. 해외여행을 가이드 없이 하고 싶었던 단순하고 순수한 동기가 지금까지 오게 된 원동력이었습니다. 지금 여러분에게 필요한 영어는 어떤 영어인가요? 자신에게 필요한 영어공부를 먼저 하시길 바랍니다.

07
학원 다니면 영어 잘하게 되겠죠?

먼저 ESL 환경과 EFL 환경의 차이를 제대로 알아야 합니다. ESL(English as a Second Language) 환경이란 영어를 모국어처럼 일상생활에서 사용하는 환경을 말합니다. 네덜란드 출신의 히딩크 감독은 모국어와 더불어 영어도 모국어처럼 사용해 왔습니다. 따라서 모국어와 외국어의 경계가 불분명한 ESL 환경에서 영어를 습득한 것입니다. ESL 환경에서는 노출량이 엄청나기 때문에 영어실력이 빨리 향상될 수 있는 유리한 환경적인 조건을 가지고 있습니다.

반면 EFL(English as a Foreign Language) 환경이란 우리나라처럼 영어를 일상생활에서 전혀 사용하지 않는 환경을 말합니다. 영어를 외국어로만 배우고 사용할 기회도 적기 때문에 절대적인 노출량 부족으로 영어실력 향상을 기대하기 힘듭니다. 따라서 EFL 환경에서는 ESL 환경에서 사용되는 교수법보다 훨씬 강력하고 집중적인 방식을 사용해야 제대로 효과를 볼 수 있습니다. 우리는 EFL 환경에 살면서 하루에 1시간 정도 영어로 수업이 진행되는 ESL 학원을 다니면서 영어실력 향상을 꿈꾸고 있습니다.

이제부터 하루 한 시간씩 영어 학원을 다녀서는 영어가 절대로 되지 않는 이유를 말씀드리겠습니다. 인간이 기본적인 의사소통을 하기 위해 만 3세까지 약 3,000시간의 누적시간이 필요하다고 했습니다. 성인은 어린이보다 인지능력과 집중력이 뛰어나므로 약 3배의 능력을 발휘한다고 가정할 때, 이론적으로 약 1,000시간 정도로 줄일 수 있습니다. 숙달정도에 따라 약 500시간에서 2,000시간까지 차이가 날 수 있으나 개인차가 있으므로 평균 1,000시간으로 계산하겠습니다. 주5일 근무제를 감안하면 주5일, 한 달에 4주, 일 년에 12개월입니다.

> 1시간/일×5일/주×4주/월×12개월/년 = 240시간

그러나 학원에서는 한 클래스에 약 10여 명 정도가 참여하는 원어민 한 명과 학생 다수의 환경입니다. 선택의 여지없이 원어민과 단독으로 대화를 주도할 수 있는 시간은 50분 중 약 10여 분 내외로 줄어듭니다. 안타깝지만 ESL 환경 기준으로 계산해보면 투입시간은 1/5로 단축됩니다.

> 240시간/5 = 48시간

1년간 열심히 학원 다니며 투자한 시간이 고작 48시간, 즉 이틀밖에 되지 않는 것입니다. 영어권 국가에 이틀 다녀와서 유창한 영어실력을 바란다는 것은 말이 안 되는 것입니다.

이렇게 우리나라와 같은 EFL 환경에서는 사막의 선인장에 가끔 물 주듯 해서는 제대로 효과를 보기 매우 어렵습니다. 대신 하루 1시간짜리 자신만의 어학연수를 적극 권합니다. 매일 집에서 한 시간씩 영어만 듣고 영어로 된 자료로 따라 읽기 훈련을 하면 1/5로 단축되었던 시간이 온전히 자신의 것으로 확보됩니다. 영어뉴스나 미국 드라마 등 자신이 좋아하는 자료를 활용하여 하루 1시간씩 개인 훈련을 한다고 가정하면,

1시간/일×5일/주×4주/월×12개월/년 = 240시간

하루 1시간: 1,000/240 = 4년
하루 2시간: 1,000/480 = 2년
하루 3시간: 1,000/720 = 1.4년

지금처럼 무작정 영어 학원에 다닐 경우 필요한 시간은

하루 1시간: 1,000/48 = 20.8년
하루 2시간: 1,000/96 = 10.4년
하루 3시간: 1,000/144 = 7년

저는 직장생활을 하면서 하루 30분 정도 투자하여 미국 뉴스를 직청직해 할 수 있는 실력을 만들었습니다. 남들이 학원에서 많은 시간과 돈을 낭비할 때 하루 30분으로 최소 10배 이상 빠른 실력향상을 이루었습니다. 물론 제가 원어민 수준만큼 잘하게 되었다는 뜻은 아닙니다. 제가 필요한 정도의 영어는 알아듣고 구사할 수 있게 되었다는 뜻입니다.

토종 영어강사 이근철 선생님도 유학이나 영어 학원 한번 다녀본 적 없이 혼자서 영어를 잘하게 되었다고 합니다. 어차피 학원은 우리에게 필요한 절대시간을 채워줄 수 없기 때문에 집에서, 직장에서, 출퇴근하면서 필요한 시간을 채울 계획을 세우는 것이 현명합니다. 운전을 배우려고 운전학원만 계속 다닐 순 없는 것처럼 말이죠.

원어민 학원이 영어실력에 큰 도움이 되지 않는 또 하나의 이유는 대부분 원어민 교사가 한국인 학습자의 수준에 맞추어 준다는 것입니다. 따라서 학습자

의 수준을 배려한 자료보다는 본인에게 필요한 수준의 자료로 훈련해야 같은 시간에 더 많은 실력향상을 이룰 수 있습니다.

노출량이 적은 점을 보완하기 위해 집중적이고 강력한 방식으로 입과 귀를 단련시키는 훈련을 해야 합니다. 동전을 넣고 짧은 시간에 세차를 끝내야 하는 고압식 셀프세차와 같은 방식입니다.

지금까지 서구에서 개발되었던 교수법들은 거의 ESL용으로 개발된 것입니다. 영어권 환경의 교수법을 여과 없이 맹목적으로 받아들인 회화교육이 효과를 거두지 못한 이유는 바로 EFL 환경의 특수성을 무시했기 때문입니다. 이제는 우리나라의 상황에 적합한 방법을 찾아서 적용해야 합니다.

한국(EFL 환경)에서 하루 한두 시간씩 집중적이고 강력하게 훈련하면 영어권 국가(ESL 환경)에서 영어를 흘려들으며 대부분의 시간을 보내는 어학연수생보다 최소 수십 배 뛰어난 실력을 만들 수 있습니다.

08
문법은 꼭 알아야 하나요?

문법보다 용법이 더 중요합니다. 문법은 단어를 일정한 순서로 배열해서 의미가 통하게 만드는 공식과 같은 겁니다. 그런데 문법은 공식만 알려줄 뿐 내용을 전달하는 데 필요한 단어나 표현을 알려주지는 않습니다. 예를 들면, [주어+be동사+전치사+명사]라는 공식을 알고 있더라도 이 공식을 활용한 표현을 모르면 말을 할 수가 없습니다.

> **I should not drink because I am on medication these days.**
>
> 해석: 요즘 약을 먹고 있어서 술 마시면 안 돼요.
>
> **I was in a car accident on my way to work this morning.**
>   표현   표현   표현
>
> 해석: 오늘 아침에 출근하다가 교통사고가 났어요.

위 문장을 영어로 말하기 위해서는 be on medication, be in a car accident, on my way to work 같은 표현을 알아야 합니다.

사실 문법이라고 부르는 공식보다는 표현 자체를 몰라서 말을 못하는 경우가 대부분입니다. 따라서 중요한 것은 문법지식이 아니라 실제로 어떻게 사용되는지 용법(표현) 중심이며, 학습방식을 바꾸면 필요할 때 쉽게 표현을 사용할 수 있고 활용도도 높습니다.

수학공식만 달달 외워서 실전문제를 풀기 어려운 것처럼 다양한 문제를 풀어보면서 역으로 공식의 원리를 이해하는 편이 현명한 것입니다. 영어도 다양한 문장 속에서 다양한 표현을 익혀 나가다 보면 해당 표현이 적용된 문법지식이 자신도 모르게 습득됩니다. 그래서 어법에 맞지 않은 표현이나 콩글리시 문장을 접하면 이상하다고 느끼게 되는 것입니다.

제가 예전에 회화학원에 다닐 때 궁금한 것이 있을 때 Can you explain this expression grammatically? '이 표현을 문법적으로 설명해 주실래요?'라고 원어민 강사에게 물었더니 어이없는 대답이 되돌아왔습니다.

I don't know, that's how we say. '잘 몰라요, 우린 그냥 이렇게 말해요.'

이렇게 우리가 우리말 문법을 모르고 표현 중심으로 습득했듯이 영어도 중요

한 것은 문법과 같은 공식이 아니라 실제 사용하는 용법입니다. 문법은 필요하지만 그 이전에 표현을 먼저 익혀야 한다는 것입니다.

09
꼭 원어민에게 배워야 하나요?

불과 몇 년 전까지만 해도 영어는 원어민에게 배워야 한다는 원어민 선호 현상이 심했습니다. 그러나 초보자들에게 원어민과의 대화는 말처럼 쉽지 않습니다. 실제로 원어민과 대화를 해보면 단 몇 분만에 대화할 밑천이 떨어져 더 이상 할 얘기가 없어지고 심기가 불편해집니다.

처음에는 그럭저럭 기본적인 호구조사를 하면서 시간이 가겠지만 그 다음부터는 본인은 물론 원어민에게도 엄청난 고통이 시작됩니다. 따라서 현지에서 온종일 영어로 생활하면서 배운 서바이벌 영어이면 몰라도 기껏해야 일주일에 서너 시간 원어민과 만나는 정도로는 대화 시간이 턱없이 부족합니다.

이렇게 인풋(Input)이 적을 때는 한 번 학습한 것을 그대로 머릿속에 새겨 넣을 정도로 강력한 방법을 써야 합니다. 제대로 알아듣지도 못하는 원어민 수업을 흘려듣는 것보다 같은 문장을 여러 번 반복해서 듣고 따라하면서 뇌에 새기는 방법이 시간 대비 효과가 큽니다.

이렇게 같은 문장을 반복해서 들을 때 가장 좋은 것이 바로 컴퓨터 프로그램을 활용하는 것입니다. 컴퓨터를 사용하면 간단한 마우스 조작으로 같은 문장을 수백 번 반복해 들을 수 있고 바위에 글자를 새겨 넣듯 여러 문장들을 통째로 머릿속에 저장할 수 있습니다.

최근에는 인터넷에서 교재뿐만 아니라 컴퓨터 프로그램과 동영상 콘텐츠까지 제공하는 상품을 쉽게 접할 수 있습니다. 자료는 도처에 널려 있습니다. 다만 그것을 알아보고 활용하는 사람과 모르고 지나치는 차이만 있을 뿐입니다.

저도 컴퓨터 프로그램과 직접 제작한 동영상 콘텐츠를 활용하여 많은 사람들과 훈련하고 있습니다. 예전에 원어민 학원을 다닐 때와는 비교할 수 없을 정도로 실력이 늘었습니다. 비용은 한 푼도 들지 않고 말이죠. 원어민은 실습대상일 뿐입니다. 자신의 실력은 스스로 만들어야 합니다. 원어민에게 다가가 말을 건네고 대화를 주도할 수 있는 수준이 되어야 원어민이 제 역할을 할 수 있습니다. 선생님과 제자가 아닌 친구로서 말이죠. 원어민이 여러분의 영어실력을 만들어주지 않습니다. 자신의 실력은 본인 스스로 만들어야 합니다.

CHAPTER 02
좌충우돌 영어 방랑기

01
영어와의 재회

저는 대학에서 건축을 전공했고 군복무를 마친 후 취업을 준비하게 되었습니다. 1996년 당시 대학시절에는 ROTC로 복무하면 취업이 잘되었기 때문에 영어공부의 필요성을 별로 느끼지 못했고, 따라서 영어 따위에는 전혀 신경을 쓰지 않았습니다. 그러나 군복무를 하는 동안 IMF 외환위기가 찾아왔고 전역 후 변화된 세상은 제게 그다지 호의적이지 않았습니다.

02
토익공부,
3개월 만에 접다

다른 취업준비생처럼 이름도 생소한 토익이라는 시험을 준비해야 했습니다. 고등학교 졸업 후 10년간 영어를 접하지 않은 터라 막막했고 어떻게 방향을 정해야 할지 갈피를 잡지 못했습니다.

그냥 주변에서 남들이 하는 대로 따라하는 것 외에는 별 도리가 없었습니다. 대학교 도서관에 앉아 토익공부를 시작했습니다. 영어공부 시작 3개월, 건강에 이상 신호가 찾아왔습니다. 스트레스성 장염 진단을 받고 3개월 만에 토익공부를 포기하게 되었습니다.

그 대신 기왕이면 좀 더 재미있는 방법을 찾아 공부하고 어느 정도 실력을 쌓은 후 토익시험에 도전하겠다고 생각하고 방향전환을 했습니다. 그런데 그때 남들과 다른 접근을 시도한 것이 나중에 토익 고득점이 아닌 진짜 실력을 쌓을 수 있는 확고한 초석이 되었습니다.

03
영어회화를 시작하다

곧 바로 서점으로 달려가 초급자용 EBS 방송교재 두 권을 구입했습니다. 약 3개월 동안 매일 집에서 어학기를 손에 들고 테이프를 들으며 따라 읽는 연습을 했지만, 혼자서 하다 보니 지속성과 효율성이 떨어져 다른 방법을 찾다가 원어민 학원을 다니기로 결심했습니다. 학원에 가보니 수준별로 클래스가 구성되어 있었는데 실력은 없으면서 맨 아래 기초단계부터 시작하는 것은 자존심이 허락하지 않았습니다.

중간 단계로 편입하려면 원어민 강사와 영어인터뷰를 거쳐야 했기 때문에 그 날부터 원어민 회화학원 레벨테스트 준비를 하기 위한 개인훈련이 시작되었습니다. 2개월 남짓 기초 회화교재를 듣고 따라 읽으며 열심히 말하는 연습을 했습니다. 대부분 단어 몇 개로 이루어진 토막 영어였지만 그냥 열심히 하는 것 말고는 대안이 없었습니다.

드디어 다가온 영어인터뷰 날, 그간 연습한 실력으로 손짓발짓 바디랭귀지를 섞어가며 인터뷰를 마쳤습니다. 그런데 기적이 일어났습니다. 총 6단계 과정 중 4단계 클래스부터 시작하라는 것이었습니다. 나중에 안 사실이지만 대부분 원어민 학원의 1단계부터 3단계까지는 기초수준의 학생들이 실력과 별 상관없이 자동으로 승급되어 다니고 있었습니다.

매일 집에서 혼자 말하기 연습을 하고 학원에 가서 원어민과 실습을 통해 피드백을 하니 효율성 면에서 최고였습니다. 수업이 끝나면 LAB실(어학실)에 앉아 헤드셋을 쓰고 원어민이 읽어주는 교재내용을 소리 내서 따라 읽었습니다.

영어를 배우면서 가장 하기 싫은 것이 소리 내 읽기인데, 체력소모도 크고 귀찮기 때문입니다. 그런 이유로 엄격한 출결관리에도 불구하고 LAB실(어학실)에는 늘 빈자리가 많았습니다. 영어 고수들은 주로 소리 내 읽으며 훈련한 다는 말을 들은 적이 있어 일단 믿고 따라해 보기로 했는데, 입이 열려야 귀도 열린다는 사실을 조금씩 피부로 경험하기 시작했습니다.

04
인터넷 카페를 개설하다

그러던 중 인터넷 영어동호회에 참여하여 오프라인 스터디도 병행하고 싶었습니다. 저는 지방에 살았기 때문에 활성화된 온라인 사이트를 찾기가 쉽지 않아서 직접 인터넷 카페를 개설했습니다. 컴맹인 제가 온라인 카페를 꾸린다는 일은 상상조차 할 수 없는 일이었지만 영어에 대한 순수한 열정이 불가능을 가능케 만드는 원동력이 되었습니다.

그 이후 4~5명의 회원들이 빈 대학 강의실이나 커피전문점에서 일주일에 한두 번씩 모였습니다. 이때 적용한 학습법은 주중에는 교재내용을 각자 '인풋(따라 읽기)' 하고 주말에 모여 한꺼번에 '아웃풋(쏟아내기)' 하는 것이었습니다.

모임은 일주일에 한 번이었지만 혼자 하는 것보다는 효과가 더 좋았고, 스터디와 원어민 학원을 병행하니 날이 갈수록 실력이 눈에 띄게 향상되었습니다.

6개월간 전 과정을 마치고 수료식을 할 때 원어민 원장님께서 하신 말씀이 잊혀지질 않습니다. '진짜 영어는 지금부터 시작이라고 생각하고 공부하라.' 그때는 들뜬 마음에 그 말씀이 무슨 뜻인지 잘이해하지 못했지만, 지금 돌이켜보면 당시의 저의 영어는 걸음마도 떼지 못한 실력이었다는 사실이었습니다.

05
어학연수를
떠나다

원어민 학원을 졸업하고 나니 갑자기 어학연수가 가고 싶어졌습니다. 조금 자신감이 생겨 그런지 현지 영어를 직접 경험해보고 싶은 호기심이 발동한 것입니다. 본격적으로 인터넷 사이트를 뒤지며 어학연수 관련 자료를 모으기 시작했고, 어학연수를 다녀온 사람의 얘기를 들으면서 해외연수에 대한 동경은 날로 커져갔습니다. 1년간 하루 10시간 이상 공부했으니 어학연수를 다녀오면 저의 영어에 날개를 달 수 있을 거라는 생각을 했습니다.

목표기간은 1년. 약 2개월 동안 현지정보와 학원 관련 자료를 모아 계획표를 작성했지만, 부푼 꿈을 안고 현지에 도착해서 단 2주일 만에 깨달은 것은 '어학연수가 영어를 저절로 해결해주지 않는다.'라는 사실이었습니다.

한 달에 한 군데씩 서로 다른 ESL 어학원에서 2개의 수료증을 받았습니다. 영어실력 향상을 위해 10시간 넘게 비행기를 타고 날아왔는데 한 달 만에 ESL 과정을 마쳐야 하니 무척 당황스러웠습니다. 그만큼 사전 준비 없이 무작정 현지에 와서 영어공부를 시작하는 사람들이 태반이라는 것을 피부로 실감했습니다.

한국에서 나름대로 열심히 준비해 온 탓인지 ESL 학원에서는 원어민 강사의 발음과 수업내용을 별 무리 없이 이해할 수 있었지만, 그것도 원어민이 학생 수준에 맞추어 수업을 진행했기 때문이라는 사실을 그때는 잘 알지 못했습니다. 수업시간만 1시간에서 4시간으로 늘었을 뿐 내용은 한국에서의 수업과 크게 다르지 않았습니다.

그런데 학원 수업을 마치고 숙소로 돌아가는 길에 지하철이나 행인들과의 대화 속에서 뭔가 잘못되어 가고 있다는 것을 느꼈습니다. 제가 학원에서 익숙하게 듣던 영어가 아니라는 것입니다. TV를 봐도 생소한 소리만 들리고 편의점에서 물건을 구입할 때도 원어민이 저의 영어를 단 한 번에 알아들은 적이 거의 없었습니다.

학원영어와 실제영어는 다르다는 것을 이상하게만 생각할 뿐 이해할 방법은 전혀 없었고 결국, 어학연수 3개월 만에 귀국을 결심했습니다.

목표한 영어실력 향상은 이루지 못하고 그냥 돌아가자니 가슴이 아팠고, 그래서 남은 기간 동안 의미 있는 경험을 남기고자 여행계획을 짰습니다. 함께 홈스테이했던 친구들과 일주일간 캐나다 동부지역을 일주하기로 계획을 세웠습니다.

여행 중 현지인에게 길을 물어보다가 겪은 에피소드가 있습니다. 캐나다에서 가장 규모가 큰 '알곤퀸' 국립공원을 향해 가던 중이었는데, 길에서 만난 할아버지께 '저희는 알곤킨 공원으로 가고 있는데, 이 길이 맞습니까?'라고 말을 건넸습니다. 그런데 3번 정도 똑같이 물어봐도 전혀 알아듣지 못하는 것이었습니다. 그 할아버지는 한참을 곰곰이 생각하시더니 'Oh, you're saying '알곤퀸!'이라고 말했습니다.

그때까지도 저는 영어의 강세가 얼마나 중요한지 잘 모르고 있었고, 강세 때문에 생기는 영어 특유의 리듬감이 부족한 저의 영어가 현지에서 무용지물이었다는 것을 귀국한 지 7년이라는 오랜 시간이 지난 후 알게 되었습니다.

06
우울한 귀국길

출국한 지 3개월 만에 귀국길에 올랐습니다. 경유지였던 미국 샌프란시스코 공항에서 연결 항공편을 기다리고 있었는데, 공항 대합실에는 당시 미국의 대선후보였던 공화당 '부시'와 민주당 '고어'의 대통령 선거전 방송으로 사람들이 TV에서 눈을 떼지 못하고 있었습니다.

저는 단 한마디도 알아듣지 못했고, 바로 옆에서는 공항 보안요원으로 보이는 백인과 흑인 남자 두 명이 시끄럽게 무언가에 대해 논쟁을 하고 있었는데 그 또한 한 마디도 알아들을 수가 없었습니다.

더 정확히 말하자면 제가 들은 것은 영어가 아닌 난생 처음 들어보는 외계어 같았기 때문에 엄청난 충격에 빠졌습니다. 비행기 안에서, 집으로 오는 공항 버스 안에서 우울함과 알 수 없는 감정에 휩싸였습니다. '도대체 왜 안 들리는가…… 나의 영어는 무엇이 문제인가…….'

07
토익, 3개월 만에 끝내다

어학연수를 다녀왔으니 가시적인 성과물이 필요했습니다. 당연히 토익점수였습니다. 급한 마음에 고(故) 이익훈 선생님께서 집필하신 리딩 교재를 한 권 구입해서 벼락치기로 공부했고, 3개월간 연속으로 응시해 915점을 맞았습니다.

08
영어의 바다에 뛰어들다

기쁨은 잠시뿐이었고 본격적으로 새로운 고민이 시작되었습니다. 현지에서 실제 영어를 경험하고 큰 충격을 받아서인지 토익점수는 영어실력과 무관하다는 것을 깨달았고 본격적인 영어정복에 나서기로 했습니다.

지금은 토익무용론까지 나오면서 영어 인터뷰 등을 통해 실제 영어 활용능력을 평가하는 기업이 점차 늘어나고 있지만 당시에는 토익이 대세였던 때라 토익점수 덕에 이름만 들어도 누구나 알만한 공기업에 입사했습니다. 입사 동기들 중에는 토익 만점자도 있었지만 저는 주눅 들지 않았습니다. 토익점수는 진짜 영어실력이 아니라는 걸 누구보다 잘 알고 있었기 때문입니다. 입사 후 지금까지 10년 동안 꾸준히 영어책을 놓지 않고 자신과의 약속을 실천해오고 있습니다.

온·오프라인 스터디를 병행한 영어공부가 약 5년째 되던 어느 여름날 저를 다시 한 번 큰 충격에 빠뜨린 사건이 일어났습니다. 친구 누나가 운영하는 영어 학원 원어민 강사들의 모임에 초대를 받았는데, 제 영어를 중간체크할 수 있는 좋은 기회라는 생각이 들어 기대 반 설렘 반으로 자리에 참석했습니다.

그날 저녁 또 한 번 저의 귀를 의심하지 않을 수 없었습니다. 원어민들의 대화를 한 마디도 알아들을 수 없었던 것입니다. '영어가 정말 이렇게 어려운 것이란 말인가.' 하는 생각이 들면서 이 시점에서 그만둘 것인지 아니면 원인을 분석해서 대책을 세울 것인지 선택의 갈림길에 놓였습니다.

'포기하지 않으면 이루어진다.'라는 말이 있습니다. 오랜 연구 끝에 그동안 저의 영어가 왜 먹통이었는지, 영어와 한국어의 차이가 무엇인지 밝혀낼 수 있었습니다. 한때 영어를 잘하고 싶은 마음에 서울의 유명학원, 족집게 강사, 각종 어학프로그램을 접해보고 싶은 바람이 있었지만 머나먼 남쪽지방에 살고 있는 저에게 그런 기회는 단 한 번도 찾아오지 않았습니다.

하지만 지금은 생각이 다릅니다. 본인에게 가장 좋은 학습 프로그램, 가장 좋은 학습 방법은 자기 자신만이 알고 있다고 믿습니다. 아무리 좋은 교재나 학습서도 적합하게 활용하지 못하면 무용지물입니다.

아직도 많은 사람이 '6개월이면 영어가 된다.'라는 말을 믿고 기적 같은 영어학습법을 찾아다니며 시간을 낭비하고 있습니다. 목표도 없이 무작정 영어정복을 꿈꾸거나 노력은 하지 않으면서 욕심만 부리는 과거의 관성에서 벗어나야 합니다. 현재 본인의 여건, 하루에 투자할 수 있는 시간, 실천능력 등을 고려한 계획표와 실행이 최고의 방법입니다. 대학생은 대학생에게 필요한 계획표, 직장인은 직장인에게 적합한 계획표가 필요합니다. 우선 목표를 종이에 적어보세요. 목표를 세우면 실천력이 생기고 시간은 세 배 이상 단축됩니다. 이는 지난 수 세기 동안 수많은 사람들을 통해 증명된 목표 성공의 원리입니다.

모든 성공은 정확한 방법과 절대시간의 결과물입니다. 하지만 둘 중 한 가지 이상을 제대로 갖추지 못한 사람이 대부분이기 때문에 영어를 잘하는 사람이 극소수인 것입니다. 영어를 잘하고 싶다면 영어 고수들을 관찰하고 따라하세요. 창피하다고 생각하지 말고 본인의 상태부터 점검해야 합니다. 부끄러운 것은 본인의 영어실력이 아니라 나태함과 타협하여 변화를 두려워하는 마음가짐과 삶의 태도입니다.

CHAPTER 03
한국인이 영어 못하는 이유

01
미천한 한국인의 영어실력

> **'밑천 드러난 한국인 영어실력, 20개국 중 19위'**
>
> 국내에 거세게 불고 있는 영어 열풍과는 대조적으로 한국인의 영어실력은 세계 최하위권인 것으로 나타났다. 국내에선 주로 영국유학용 시험으로 알려진 국제 영어 인증 시험인 IELTS (International English Language Testing System)를 공동 주관하는 영국문화원은 3일 "지난해 IELTS 응시자 수가 많았던 20개국의 성적을 분석한 결과 한국은 '이민·직업 연수용 시험'에서 평균 5.21점(9점 만점 기준)으로 20개국 중 19위를 기록했다"고 밝혔다.
>
> - 중략 -
>
> 이민·직업 연수용 시험에서 19위(5.21점)를 기록한 한국은 홍콩(8위)·중국(13위)·방글라데시(14위)·일본(16위)·태국(17위) 등 아시아 국가들 중에서도 순위가 가장 낮았다. 20개국 중 꼴찌는 아랍에미리트(4.53점)였다. 영어를 공용어로 쓰는 남아프리카 공화국이 7.46점으로 1위를 차지했고, 싱가포르가 2위(7.01점)였다. 영국문화원 관계자는 "원어민과의 일대일 인터뷰 등 실질적인 영어 의사소통 능력을 측정하는 IELTS 성적이 낮다는 것은 한국인의 영어 구사 능력이 떨어진다는 뜻"이라며 "실생활에 쓰이지 않는 단어에 집착하게 만드는 한국의 영어 교육 방식을 개선할 필요가 있다"고 밝혔다.
>
> - 2008. 6. 4. 조선일보

영어는 유독 한국인에게 왜 이렇게 어려운 걸까요? 한국인이 영어를 못하는 가장 큰 이유는 한국어와 영어가 다른 점이 많기 때문입니다. 그러나 우리와 어족 및 어순이 같은 핀란드 국민들이 영어를 문제없이 구사하는 것을 보면 단지 차이점 때문에 영어를 못하는 것이 아니라는 결론이 나옵니다. 문제는 영어를 배우는 방식에 있습니다.

영어와 한국어의 차이를 제대로 인식하지 못한 채 원리를 무시하고 '일단 외우고 보자'는 방식으로 배워왔기 때문에 '영어 못하는 나라'로 낙인찍힌 것입니다.

영어와 한국어의 차이를 이해하고 그 간격을 좁혀 나가면 영어가 더 이상 배우기 어려운 외국어가 아니라 우리말처럼 친숙하게 다가올 것입니다.

영어 강국과 한국의 영어 공교육 방식	
핀란드	· 생물, 음악, 역사 등 영어 외 과목도 영어로 수업 · 내용중심 언어학습법(CLIL): 몰입교육 실시
덴마크	· 일주일에 4시간 공교육에서 영어로 수업(TEE) · 영어방송 실시 등 영어 노출시간 최대한 확대
싱가포르	· 87년부터 모든 학교에서 영어사용 의무화 · 공립초교 30%는 수학, 과학도 영어로 수업 · 행정부, 은행, 기업에서 영어사용 단계적 확대
중국 (상하이)	· 초등 1학년부터 주당 3시간 영어수업(총 96시간) · 중학교 1학년부터 주당 5시간으로 대폭 확대
한국	· 초등 3학년부터 일주일에 1시간 영어수업 · 영어를 영어로 가르치는 수업(TEE)이 5%에 불과

02
한국인의
영어 못하는 습관

01 또박또박 읽는 습관

한국어는 또박또박 읽어야 잘 읽는 것입니다. 초등학교 때 선생님으로부터 책을 읽을 때 또박또박 읽어야 한다고 배웠습니다. 그러나 영어는 절대로 또박또박 읽으면 안 됩니다. 영어는 한국어와 달리 단어의 성격에 따라 강약의 리듬을 넣어 읽어야 합니다.

어린 아이들이 영어를 처음 접할 때 Chant(노래)를 배우면서 박자감각을 익히는 것도 이와 무관하지 않습니다. 한국인에게 영어청취가 어려운 이유는 바로 한국어에는 없는 영어의 리듬 때문입니다.

02 글자를 보고 발음하는 습관

한글은 세종대왕이 소리 나는 대로 적을 수 있도록 만든 소리글자입니다. 즉, 소리와 글자가 같기 때문에 누구나 쉽게 배울 수 있습니다. 그러나 영어는 글자와 소리가 전혀 다른 언어입니다. 글자와 별도로 발음기호라는 것이 있어서 발음기호를 모르면 철자만 보고 발음을 하지 못합니다. 원어민도 처음 보는 어휘나 사람이름 같은 고유명사는 글자만 보고 발음하지 못합니다. 다른 사람의 이름을 받아 적을 때 스펠링을 물어보는 것은 바로 그런 이유 때문입니다.

영어가 발음기호를 기반으로 소리를 내는데도 불구하고 한국인은 무의식적으로 철자에 집착하는 경향이 있습니다. 철자는 대충 알더라도 소리를 제대로 낼 줄 알면 되는데 말이죠.

그런데 우리에게는 그럴 만한 이유가 있었습니다. 학창 시절에 발음기호 발성법을 가르쳐주는 영어선생님도 없었을 뿐더러 대학 입시제도는 지금까지도 눈으로 보고 해독하는 방식으로 흘러왔기 때문입니다. 단어를 정확한 소리로 발성하는 능력은 입시에 큰 도움이 되지 않습니다.

하지만 발음기호를 발성하는 방법부터 제대로 배워야 합니다. 단 한 시간이면 모든 발음기호 발성법을 배울 수 있습니다. 영어는 발음기호로 소리를 냅니다. 발음기호는 철자와 많이 다릅니다.

03 한국식 음절로 발음하는 습관

Steve Jobs [stiv·jabs]

'스티브 잡스'는 한국어 음절방식으로 5음절 단어입니다. 그러나 영어의 발음기호 체계로 보면 2음절 단어입니다. 별것 아닌 것 같지만 '영어와 한국어의 음절방식'의 차이 때문에 소리가 상당히 달라집니다.

영어는 중복되는 자음을 하나의 자음처럼 취급해 한꺼번에 발음합니다. 따라서 '스티브 잡스'는 [stiv-jabs]와 같이 두 번의 호흡만으로 발성하는 것입니다. 한국어처럼 각 자음마다 없는 모음을 억지로 끼워 넣어서 발음하지 않습니다. Street [stri:t]은 한국어로 4음절 (스트리트)이지만 영어에서는 1음절입니다.

이렇게 무의식중에 3~4음절로 늘여서 발음하는 영어단어의 80% 이상이 1음절 단어라는 것을 생각하면 그동안 머릿속에 입력한 수많은 단어들의 소리정보가 상당히 오염되어 있다는 것을 알 수 있습니다. Strike [스트라이크], Ground [그라운드], Science [싸이언스] 역시 1음절 단어입니다.

04 한국어 어순으로 바꾸어 이해하는 습관

한국어를 배우려는 미국인이 한국어를 영어의 어순으로 바꾸어 이해하려고 한다면 어떤 생각이 들까요? 테니스 선수가 야구를 테니스 자세로 배우겠다는 것과 다르지 않습니다. 모든 언어는 고유의 어순이 있으며 그 어순 그대로 이해해야 합니다. 유학이나 이민을 간 사람들은 한국어의 도움 없이 영어 어순에 노출되어 적응해 나갔기 때문에 영어를 잘하게 된 것입니다.

물론, 이민자들 중 영어를 한국어로 바꾸어 이해하려는 사람들도 있습니다. 10년, 20년을 살아도 영어를 못하는 사람이 바로 그 증거입니다. 원어민이 말하는 속도가 너무 빠르다고 말하는 사람은 영어를 한국어 어순으로 바꾸려고 하기 때문입니다.

그런 방식으로는 절대로 원어민이 말하는 속도를 따라가며 이해할 수 없습니다. 그러나 영어를 어순대로 듣고 바로 이해하는 방식에 익숙해지면 원어민의 속도가 결코 빠르게 느껴지지 않습니다. 영어권 국가에서 10년 이상 살다온 사람이나 동시통역사에게 물어보세요. 영어를 한국어 어순으로 빠르게 바꾸어서 이해하느냐고 말이죠.

영어를 한국어로 번역하는 습관은 외국어를 배울 때 반드시 버려야 할 가장 나쁜 습관입니다. 한국어를 탓하지 마세요. 한국어 때문에 영어를 못하는 것이 아닙니다. 한글을 만든 세종대왕을 원망할 게 아니라 잘못된 일본식 교육 제도를 탓해야 합니다. 지금부터라도 영어를 받아들이는 방식을 바꾸면 됩니다. Think Different.라는 말이 있죠? 생각을 바꾸면 세상이 달라지듯 방법을 바꾸면 영어도 달라질 수 있습니다.

05 EFL 환경에서 ESL 방식으로 배우는 습관

우리는 EFL(English as a Foreign Language) 환경에서 살고 있습니다. 영어를 일상생활에서 사용하지 않고 외국어로 배우는 환경에서는 배워도 당장 쓸 일이 없기 때문에 외국어를 잘하기가 매우 어렵습니다. 반면 ESL(English as a Second Language) 환경에서는 일상생활에서 영어를 늘 사용하는 환경 때문에 당연히 영어를 쉽게 배울 수 있습니다.

국내에 있는 원어민 학원이나 해외 어학연수는 ESL 프로그램이 대부분입니다. ESL 프로그램은 이민자나 장기 유학생들처럼 현지에 장기간 체류하는 사람에게 단순히 대화 상대를 붙여주는 방식입니다. 앞으로 영어환경에서 계속 살아갈 사람들을 위한 프로그램이라는 뜻입니다. 이런 사람들에게는 시간이 크게 문제가 되지 않습니다. 환경의 도움을 받아 시간이 가면서 영어실력이 자연스럽게 좋아지기 때문입니다.

반면 영어에 노출이 절대적으로 부족한 EFL 환경에 살고 있는 우리에게 ESL 학원은 적합하지 않은 방식입니다. 단기간에 목표달성이 필요한 한국인은 EFL 환경에 적합한 방식을 선택해야 합니다. 영어 학원을 아무리 오래 다녀도 실력을 향상시키기 힘든 이유가 바로 ESL 프로그램으로 공부하기 때문입니다.

반면 학원을 다니지 않고 혼자서도 영어를 잘하게 된 사람들을 보면 EFL 환경에 맞는 노하우를 엿볼 수 있습니다. 주말이 되면 셀프 세차장은 아침부터 사람으로 붐비기 마련입니다. 10분 정도의 짧은 시간에 세차를 끝내야 하기 때문에 고압세차 기계가 사용되고 있습니다. EFL 환경에서는 고압세차와 같이 강력하고 집중적인 방식이 필요합니다. 더 이상 환경 탓을 할 것이 아니라 접근방식을 바꾸어야 합니다.

06 언어는 기능인데 공부하는 습관

언젠가 'EBS 지식프라임'이라는 프로그램에서 '젓가락질, 골프, 그리고 영어의 공통점'이라는 제목의 방송을 방영한 적이 있습니다. 우리가 밥을 먹거나 좋아하는 운동을 하듯 영어도 공부가 아니라 생활습관으로 만들어야 한다는 뜻입니다. 영어는 공부처럼 머리로 습득하는 '명시적 지식'이 아닌 몸으로 터득하는 '암묵적 지식'이라는 말입니다. 영어는 공부가 아니라 운동, 자동차 운전이나 수영처럼 틈나는 대로 연습해야 하는 기능이기 때문입니다.

운전을 배우려는 사람이 도로에서 운전연습은 하지 않고 도로교통법, 자동차의 원리, 운전하는 법 등의 이론만 책상에 앉아 공부하고 있다면 당연히 운전을 못하는 것과 같습니다. 아직도 영어를 잘하기 위해 문법을 먼저 공부해야 한다고 주장하는 사람이 있습니다. 물론 문법 지식 또한 필요하지만 배우는 순서를 바꾸어야 합니다. 입과 귀로 연습해서 용법을 먼저 익히고 문법은 추후 정확성을 요구할 때 배우는 것이 좋습니다. 우리의 모국어인 한국어를 배울 때도 그렇게 공부했습니다.

겨우 3~4살짜리에게 문법부터 배워야 한다고 가르치지 않습니다. 5살 정도 되면 스스로 문법을 자연스럽게 깨우치고 기본적인 대화가 가능합니다. 실제 활용 중심으로 언어를 익혔기 때문에 가능한 것입니다.

우리는 한국어 문법을 한국어를 배운지 약 15년 정도 지난 중·고등학교 시절에 배웠습니다. 문법은 기본적인 의사소통을 할 줄 알게 된 다음에 배우는 것입니다. 영어도 마찬가지입니다. 문법을 먼저 공부하면 영어를 못하게 됩니다. 이제부터는 영어를 젓가락질하듯, 운동하듯 매일 연습하세요. 영어는 공부가 아니라 습관이고 훈련입니다.

CHAPTER 04
영어와 한국어의 차이

지금부터 영어와 한국어의 차이를 설명하겠습니다. 저도 사실 특별한 고민 없이 지난 8년 동안 대부분의 학습자처럼 학창시절에 배운 대로 한국어를 기반으로 영어공부를 해왔습니다. 실력은 늘 진전이 없이 답보상태였으나 원리를 알고 집중 훈련한지 2년 만에 귀가 열렸습니다. 여러분도 저와 전혀 다르지 않습니다. 그러나 원리를 이해했다고 바로 내 것이 되는 것은 아닙니다. 원리를 이해하고 나면 남은 과제는 지속적인 훈련뿐입니다.

> **영어의 특징**
> 1. 영어는 한국어와 조음위치가 다르다.
> 2. 영어는 강세음절 중심의 리듬언어이다.
> 3. 영어는 한국어와 어순이 다르다.

01
조음위치가 다르다

한국어와 영어는 발음할 때 소리 나는 위치가 많이 다릅니다. 혀끝을 붙이는 위치나 입술의 모양이 서로 다르기 때문에 한국어에 없는 새로운 소리가 나는 것입니다. 한국어는 별도의 발음기호가 필요 없는 소리글자이지만 영어는 철자와 소리가 다르므로 발음기호 읽는 법을 따로 배워 발성해야 합니다.

그러나 저를 포함한 한국인 대부분이 영어의 발음기호 발성법을 제대로 배우지 않은 채 영어를 공부해왔습니다. 한국어의 뜻과 단어의 철자부터 외우고 문장은 눈으로만 읽고 한국어로 해석하는 시험공부 방식의 학습이 문제입니다.

영어뿐만 아니라 모든 언어는 소리를 기반으로 하는 의사소통 도구입니다. 먼저 발음기호 발성법부터 제대로 배우고 시작해야 합니다. 영어의 발음기호는 한국어와는 전혀 다른 구강근육을 사용합니다. 예전에는 대강 비슷해 보이는 한국어의 자음, 모음을 차용해 발음을 해왔는데 원칙을 무시한 잘못된 교육이 바로 여기서부터 시작되었다고 해도 과언이 아닙니다. 원어민은 우리말에 존재하지 않는 소리를 내는 것입니다.

02 강세중심의 리듬언어다

영어에는 '강약고저'라는 특유의 리듬이 있습니다. 영어의 다이내믹한 소리변화는 주로 모음 때문에 발생합니다. 강세를 받는 모음의 음절은 강하고 길게, 나머지는 약하고 짧게 발음합니다.

약음절의 모음은 schwa(슈와)라고 부르는데 아예 생략해도 무방할 정도로 과감하게 축약시켜 발음합니다. 따라서 영어는 한국어와 달리 발음이 생략되는 모음이 많습니다. 평소에 알고 있던 단어라도 원어민의 발음이 다소 생소하게 느껴진다면 약모음 발성이 자신과 다르기 때문일 가능성이 매우 높습니다. 한국인은 무의식적으로 모든 음절의 모음을 곧이 곧대로 발성하는 습관에 젖어 있기 때문입니다.

한국어와 영어는 사용되는 소리의 주파수(Frequency) 범위가 다릅니다. 문장 안에서 생기는 리듬변화는 청취를 하는 데 많은 어려움을 겪게 합니다. 실제 원어민이 정상속도로 말하는 영어문장은 알아듣기가 쉽지 않습니다. 토익 고득점자나 수년간 영어공부를 했다고 자신감을 보이는 사람에게도 예외가 아닙니다. 해외 유학생이나 비영어권의 전문가나 교수들이 국제 학술 세미나에서 영어로 의사소통에 어려움을 겪는 이유 중 하나가 리듬과 강세 표현의 부족 때문이라고 합니다.

'노래를 잘한다'는 것은 음정, 박자를 잘 맞추어 부른다는 뜻입니다. 가사를 조금 틀려도 음정과 박자가 맞으면 노래를 잘한다는 소리를 들을 수 있습니다. 영어는 음악과 같다고 말합니다. 영어도 음악처럼 음정과 박자가 있기 때문이죠. '음정'이란 소리의 높낮이, '박자'는 소리의 길이를 뜻합니다. 음악에서 '박자'는 영어에서는 '리듬'과 일맥상통하는 말입니다.

리듬이란 어떤 것이 규칙적으로 일어나는 현상을 말합니다. 우리는 한국어의 딱딱한 리듬에 익숙해져 있는데 영어는 한국어의 리듬과 정반대입니다. 그리고 오랜 기간 영어를 배우면서도 대부분의 한국인은 영어의 리듬을 모르고 지내왔습니다. 그래서 별수 없이 우리말의 리듬으로 영어의 리듬을 들으려고 합니다. 영어를 알아듣기 어려운 이유는 속도보다 오히려 리듬의 문제인 것입니다. 영어가 빨라서 따라갈 수 없다는 것은 다시 말하면 영어의 리듬을 느낄 수 없다는 뜻입니다.

한국인이 말하는 영어를 외국인이 들을 때 몹시 피로감을 느낀다고 합니다. 단어 하나하나를 분명히 발음하고 문법적으로 정확하게 구사한다고 해도 한국어의 리듬으로 얘기하기 때문에 알아듣기 어려운 것입니다.

우리가 영어를 영어의 리듬으로 들을 수 없다는 것은 우리에게 그런 리듬을 만들어낼 능력이 없다는 것을 의미합니다. 영어의 리듬을 만들어낼 수 없다면, 당연히 상대방이 만들어내는 리듬을 탈 수도 없습니다. 그것은 상대방의 말을 알아들을 수 없다는 이야기가 됩니다.

자, 그럼 두 가지 유형을 비교해 보겠습니다.

> 　　　●　　　　●　　　　　●　　　　　●　　　　●
> **1. One and a two and a three and a four and a five.**
> 　(**13**음절 – 강세 **5**개)
>
> 　　●　　●　　　●　　　●　　　●
> **2. One,　two,　three,　four,　five** (**5**음절 – 강세 **5**개)

1번 문장의 음절수는 13개이고, 2번 문장의 음절수는 5개입니다. 두 문장은 음절수가 두 배 이상 차이가 나지만 두 문장의 소리길이는 같습니다. 따라서 강세를 받지 않은 단어나 음절은 그 개수가 많을수록 더 짧고 빠르게 발음해야 하므로 명료하게 들리지 않게 됩니다.

그에 반해 한국어는 음절박자언어(syllable-timed language)로서, 영어처럼 강세가 있는 음절이 규칙적으로 나타나는 것이 아니라 모든 음절에 고른 간격을 두고 나타납니다. 쉽게 말하면 모든 음절이 똑같이 강세를 받아 거의 비슷한 시간을 두고 발음된다는 뜻입니다.

예를 들어

> **1. 영어공부 하려면 제대로 좀 합시다.** (14음절)
> **2. 그러게 말입니다.** (7음절)

1번 문장을 말하는데 2번 문장보다 대략 2배의 시간이 걸립니다. 한국어는 이렇게 말하는 데 걸리는 시간과 음절의 수가 정비례합니다. 그러나 영어에서는 음절의 개수와 상관없이 강세음절이 몇 개 있느냐에 따라 한국어에서 14음절로 발음되는 문장도 7음절이나 5음절로 발음될 수 있습니다.

> - 내용어 [강세를 받는 단어]
>   명사, 동사, 형용사, 부사, 의문사, 지시사, 숫자, 단위 등
>
> - 기능어 [강세가 없는 단어]
>   관사, 전치사, 접속사, 관계사, 대명사, 소유격, be동사, 조동사 등

리듬과 강세야말로 영어 원음체득의 핵심입니다. 영어의 소리를 들을 수 있는 능력은 영어의 리듬감각의 터득 여부에 달려 있습니다. 한국인의 영어 학습은 원어민이 가르쳐 줄 수 있는 부분이 그리 많지 않습니다. 원어민은 한국인이 어려워하는 부분을 잘 이해하지 못하기 때문입니다. 오히려 영어의 리듬 감각을 갖춘 한국인이 더 훌륭한 멘토가 될 수 있습니다.

제가 한국에서 좋은 성적으로 어학코스를 마치고도 어학연수를 가서 현지인의 영어를 거의 알아들을 수 없었던 이유가 바로 '리듬감각'의 부족 때문이었습니다. 더욱 놀라운 것은 영어를 배운지 7년이라는 시간이 지나서 영어의 리듬에 대해 알게 되었다는 사실입니다.

아직도 과거의 저처럼 일제식 교수법에서 배운 방법을 답습하며 영어를 공부하고 있는 분들이 주변에 많습니다. 인간의 뇌는 변화를 싫어한다고 합니다. 과거의 습관을 버리고 새로운 습관을 형성하는 것은 쉽지 않습니다. 그러나 변화해야 지금까지와 다른 결과를 가져옵니다. 이제부터는 본격적으로 리듬 훈련을 해야 합니다.

03
어순이 다르다

영어는 한국어와 어순이 다른 언어입니다. 이 점 또한 한국인에게 영어가 어렵게 느껴지는 결정적인 요소 중 하나입니다. 소리를 식별하고 단어를 알아들었다고 해도 영어의 어순감각이 갖추어져 있지 않으면 내용이해가 잘 되지 않습니다. '단어는 대충 알겠는데 내용은 잘 모르겠어요.'라는 말은 good과 morning은 알아들었는데 Good morning.은 잘 모르겠다는 말과 같습니다.

영어는 영어만의 고유한 문장구조가 있습니다. 쉽게 말하면 구조란 단어를 배열하는 순서를 말합니다. 문장이 조금만 길어져도 이해하는 데 어려움을 느끼는 이유는 바로 영어식 구조에 대한 이해가 부족하기 때문입니다.

직독직해란 읽으면서 동시에 내용을 이해하는 것입니다. 직독직해가 되기 위해서는 영어식 어순감각을 길러야 합니다. 여기서 중요한 점은 읽으면서 바로 이해하는 것이지 중간에 한국어로 해독하거나 번역해서 이해한다는 의미가 아닙니다.

직독직해를 가로막는 가장 큰 장애물은 바로 영어를 한국어로 바꾸어 이해하는 습관입니다. 입시제도 때문에 해석위주의 학습을 해온 한국인에게 영어를 한국어로 바꾸어 이해하는 습관은 지극히 자연스러울 수밖에 없습니다. 그러나 그것은 영어를 잘하기 위해서는 반드시 버려야만 합니다.

모든 언어는 나름대로 고유의 어순이 있으며 생긴 대로 이해해야 합니다. 원어민과 대화를 할 때 한국어 어순으로 바꾸어 이해하려고 머릿속에 한국어를 떠올리는 순간 원어민은 이미 한참 다른 이야기를 하고 있을 것입니다.

구분	읽는 속도	말하는 속도	비고
한국어	600단어 / 분	150단어 / 분	필요 속도
영 어	50단어 / 분		평균 속도

위의 표와 같이 모국어의 경우 일반적으로 읽으면서 이해하는 속도는 말하는 속도의 4배라고 합니다.

예전에 어느 TV 코미디 프로그램에 '수다맨'이라는 코너가 있었습니다. '수다맨'이 제 아무리 속사포처럼 빠르게 얘기해도 시청자들은 큰 어려움 없이 알아듣고 폭소를 터뜨렸습니다. 읽거나 들어서 이해속도가 말하는 속도보다 압도적으로 빠르기 때문입니다.

그러나 일반적인 한국인들은 영어를 이해하는 데 요구되는 속도의 1/3~1/4 수준 정도밖에 미치지 못합니다. 한국어로 바꾸어 이해하는 습관 때문입니다. 이해속도가 최소한 원어민이 말하는 속도에 미치지 못하면 직청직해나 직독직해가 되지 않습니다. 원어민이 평상시 말하는 속도는 1분에 150~200단어 정도입니다. 한 단어를 0.3초 이내에 알아듣고 이해까지 마쳐야 합니다. 10개의 단어로 이루어진 문장의 경우 3초 이내에 소리식별과 동시에 이해까지 끝나야 합니다. 영어를 한국어 어순으로 바꾸고 있다가는 우리가 그토록 원하는 직독직해, 직청직해는 죽을 때까지 남의 이야기일 뿐입니다.

우리는 '영어를 영어로 생각하라'는 말을 자주 듣습니다. 이 말은 따지지 말고 '영어식 어순 그대로 받아들여 사고하라'는 뜻입니다. 더불어 '한국어로 번역하지 말고 내용을 바로 이해하라'는 의미이기도 합니다. 영어를 한글로 번역해서 이해하려면 불필요하게 많은 에너지가 소비되고 시간도 몇 배 더 걸립니다.

한번 생각해 봅시다. 영어권 국가에 이민 가서 사는 한국 사람이 과연 영어를 그때마다 한국어 어순으로 바꾸어 이해할까요? 그렇지 않습니다. 영어를 못하는 사람일수록 같은 양의 글을 읽는 데 시간이 많이 걸립니다.

요즘 공인 영어시험에서도 문항 수는 변하지 않고 지문의 길이가 점점 늘어나고 있는 추세입니다. 영어를 못하는 수험생은 늘 시간부족을 호소하며 쩔쩔맵니다. 이유는 한국어로 바꾸어 이해하는 습관 때문입니다. 영어가 나오는 순서대로 이해하는 방식으로 바꾸어 나가야 합니다.

결국, 영어를 잘하는 사람과 못하는 사람의 판단 기준은 이해속도의 차이입니다. 영어식 어순에 익숙해지고 직독직해가 가능해지면 원어민이 말하는 속도보다 훨씬 더 빨리 읽을 수 있게 됩니다. 원어민이 말하는 것을 여유 있게 이해할 수 있음은 물론 더 나아가 나올 내용을 예측하며 들을 수도 있습니다. 단, 선결 조건이 있습니다. 앞에서 언급했듯이 단어를 한 번만 듣고도 곧바로 인지할 수 있는 소리식별 능력이 갖추어진 상태에서 가능합니다. 무엇보다 소리감각과 어순감각의 습득이 가장 중요합니다. 마치 자전거의 양바퀴처럼 두 가지가 동시에 작동되어야만 제 기능을 할 수 있습니다.

CHAPTER 05
영어의 원리

01
영어의 자음과 모음

01 영어 모음의 특징

❶ 한국어의 모음보다 길고 강하다.

❷ 약모음은 한국어보다 짧고 약하다.

영어는 2음절 이상의 모든 단어에 강세가 있습니다. 강세 음절의 모음은 강세를 받지 않는 약음절의 모음보다 2배 이상 강하게 소리가 납니다.

대한민국에서 10년 넘게 영어를 배우면서도 발음기호를 정확하게 읽는 법을 제대로 배운 사람은 거의 없을 것입니다.

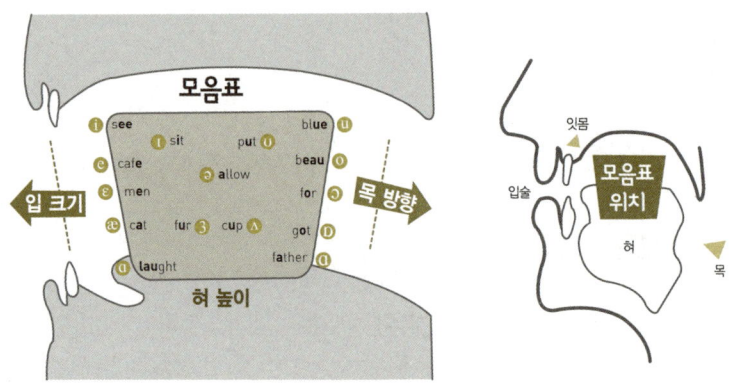

이 그림은 모음을 발음할 때 '입의 크기'와 '혀의 높낮이'를 나타내는 구강의 단면입니다. 영어의 모음은 얼핏 듣기엔 한국어의 모음과 비슷한 것 같지만 한국어보다 입과 혀의 움직임이 크기 때문에 대충 발음하면 오차범위를 벗어나는 것들이 많습니다.

특히, 입술 근처에서 발성되는 전모음(Front Vowel)은 입을 벌리는 정도가 우리말보다 큽니다. 그래서 영어를 연습할 때는 되도록 평소보다 입을 크게 움직이면서 발음하도록 신경을 써야 합니다.

중간모음(Central Vowel)은 '애매모음'이라고 부르는데 입안의 모든 근육에 긴장을 빼고 짧게 소리 내는 발음입니다. 멍하니 정신 줄을 놓고 있을 때 뒤에서 누가 갑자기 등을 치면 '어' 하고 짧게 나오는 순간적인 소리라고 생각하면 이해하기 쉽습니다.

후모음(Back Vowel)은 소리가 목구멍 쪽으로부터 나오는 소리입니다. 한국어의 모음 중에서 목 근처에서 발성되는 유사한 모음은 [으]가 있습니다. 따라서 [u]를 [우]라고 발음하면 안 되고 한국어의 [으]와 가까운 느낌으로 발음합니다. 하늘을 향해 고개를 조금 들고 [으]라고 발음해 보세요. [우]는 혀를 둥글게 내밀고 입술 근처에서 소리가 나는 전모음에 가깝기 때문에 전혀 다른 소리입니다. 따라서 good은 [굿]보다는 [귿]처럼, google은 [구글]보다는 [그글]처럼 발음해야 영어답습니다.

정리하기

영어의 모음
▶ 영어의 모음은 한국어와 달리 고저, 강약, 장단의 변화가 심해 소리의 변화가 다양하게 나타납니다.
▶ 영어의 강모음은 한국어보다 2배 이상 강하고 길게, 입 모양은 크고 넓게 발음합니다.
▶ 영어의 약모음은 한국어보다 2배 이상 약하고 짧게, 입모양은 거의 움직임 없이 발음합니다.

02 영어 자음의 특징

❶ 영어는 한국어와 입모양 및 혀의 위치가 다르다.

[l] 혀끝이 입천장에 닿는다.　　　[r] 혀가 입 안에 닿지 않는다.

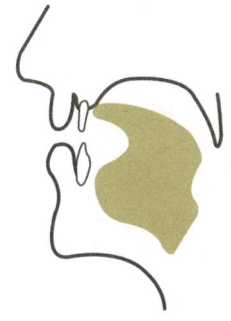　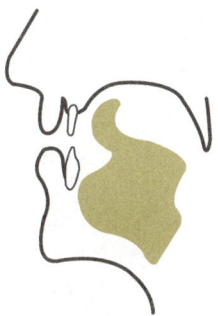

❷ 성대의 울림 여부에 따라 유성음과 무성음이 있다.

▶ **파열음:** 양 입술을 붙여 공기가 나오는 것을 막았다가 갑자기 터뜨리면서 발음한다.

유성음 (울림소리)	bob [b]	gig [g]	den [d]	입모양 동일
무성음 (안울림소리)	pop [p]	kick [k]	ten [t]	

▶ **마찰음:** 치아와 혀 사이로 공기가 빠져 나가면서 마찰을 일으켜 나는 소리

유성음 (울림소리)	zoo [z]	bathe [ð]	vase [v]	Asia [ʒ]	입모양 동일
무성음 (안울림소리)	soon [s]	bath [θ]	face [f]	she [ʃ]	

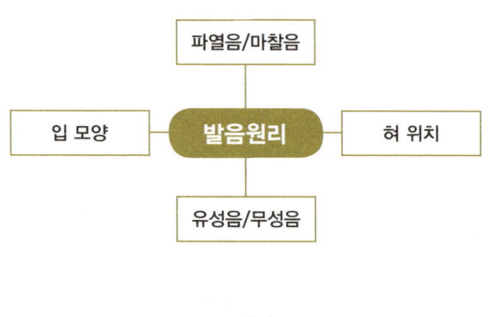

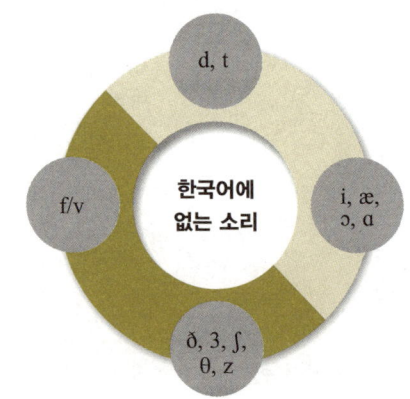

정리하기

영어의 자음

▶ 영어의 자음은 혀 위치, 입모양 등 사용되는 구강근육이 한국어와 많이 다릅니다.
▶ 동일한 입 모양이라도 성대가 울리는 유성음, 울리지 않는 무성음의 여부에 따라 소리가 다릅니다.
▶ 한국어에 없는 영어 소리를 발성하지 못하면 그 소리는 들리지 않습니다.

02
영어의 음악성 (리듬)

영어는 강세단어를 길고 강하게 발음하고 나머지 단어는 앞의 강세단어에 붙여서 짧고 약하게 발성합니다. 강세단어를 중심으로 3~4개의 단어가 뭉쳐져 한 단어처럼 덩어리(Chunk) 단위로 발음되므로 리듬이 생깁니다.

Why don't you / put them in the / Lost and Found?
습득한 물건을 분실물 보관소에 갖다두지 그러세요?

Why don't you **put** them in the **Lost** and **Found?**

출처: 미국 시트콤 〈Friends〉

위 문장은 단어의 개수가 10개이지만 4개의 내용어만 강하게 발성하면서 총 3개의 덩어리(Chunk)로 발음됩니다. 강세가 없는 기능어들은 축약되어 강세단어에 흡수되므로 잘 들리지 않습니다.

I told myself / I can pass / any test a / man can pass.
난 인간이 통과할 수 있는 모든 테스트를 패스할 수 있다고 스스로 다짐했습니다.

I told my**self** I can **pass** any **test** a **man** can **pass.**

출처: 영화 〈아바타〉

위 문장의 단어 수는 12개이지만 강세단어만 강하게 발성하면서 총 4개의 덩어리로 발음합니다. 영어 특유의 리듬 감각을 갖추지 못하면 이렇게 쉬운 단어들로 이루어진 문장도 잘 들리지 않습니다.

03
번역과 이해의 차이

> **Google says the technology is being developed by**
> ❶   ❿   ❷   ❾   ❽
> **scientists who were involved in an earlier set of**
>   ❼   ❺
> **unmanned car races organized by DARPA.**
>   ❻   ❹   ❸
>
> **한국어식 번역:** 구글은 이 기술이 국방 첨단 연구계획청인 DARPA에서 계획한 초기의 무인 자동차 경주 기술에 관여했던 과학자들에 의해 개발되고 있다고 말합니다.
>
> **영어식 번역:** 구글은 말합니다, 기술이 개발되고 있으며, 그 개발 주체는 과학자들인데, 그들이 관련을 맺고 있으며, 관련 내용은 초기의 무인자동차 경주입니다. 그 무인자동차경주는 DARPA가 계획했습니다.

위의 문장은 미국 AP 영어뉴스에서 발췌했습니다. 원어민이 말하는 속도가 1분에 200단어일 경우 우리는 단어 1개당 0.3초 내에 인지하고 내용 이해까지 끝내야 한다고 언급했으므로 총 23개의 단어로 이루어진 위의 문장은 7초 이내에 듣고 이해해야 합니다. 짧은 시간에 두 줄 이상의 긴 문장을 한국어 어순으로 바꾸어 논리적으로 이해한다는 것은 물리적으로 불가능한 일입니다.

우리는 번역(Translation)이 아니라 이해(Understanding)를 목적으로 하는 사람들입니다. 영어로 된 지식을 한국어로 바꿔서 습득하는 것이 아니라 영어 그 자체를 듣거나 읽고 그대로 이해해야 한다는 뜻입니다.

해결 방법은 의외로 간단합니다. 영어가 배열된 순서 그대로 이해하면 되니까요. 영어의 가장 기본적인 의미단위인 [주어+동사+목적어]의 서술어 단위로 이해하는 것입니다. 영어를 보고 우리말 어순으로 바꾸는 순간 영어를 영어로 바로 이해하는 직독직해는 이미 물 건너가는 것입니다. 이제부터 영어를 번역하지 않고 영어 어순대로 이해하는 방식으로 바꾸세요.

정리하기

▶ 영어는 한국어로 번역을 하지 않고 나오는 순서대로 이해해야 합니다.
▶ 영어는 영어 어순대로, 한국어는 한국어 어순대로 그대로 이해합니다.

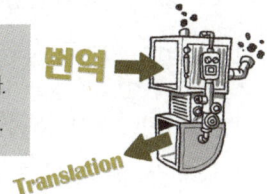

04
영어의 서술구조

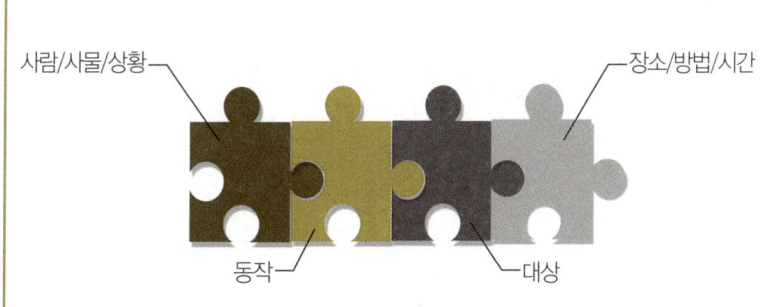

① 영어는 주어로부터 가까운 순서로 배열한다.
② 영어는 내용이 궁금할 만한 순서대로 배열한다.
③ 영어는 핵심정보를 언급하고 보충하는 말들은 뒤에 배열한다.

① 영어는 주어로부터 가까운 순서로 배열한다.

동양인과 서양인은 문화적으로 여러 가지 면에서 차이를 보이지만 특히 사람들과의 관계를 맺는 데 있어서도 큰 차이가 있습니다. 서양인은 개인 중심적이어서 자신의 시각으로부터 사회와 국가를 보는 경향이 있지만, 관계중심적인 한국인은 이웃과 사회라는 배경에 놓여 있는 자기 자신을 본다고 합니다.

미국에서 한국인이 범죄를 저지르면 한국인들은 자신들이 부끄럽게 생각하는 반면, 정작 당사자인 미국인은 범죄를 저지른 그 개인의 문제로 본다는 사실이 이런 사고의 차이를 엿볼 수 있게 합니다.

영어의 어순도 이러한 서양인의 개인 중심적 사고를 반영한 결과물입니다. 따라서 행위의 주체인 주어 중심의 사고로 단어의 배열이 결정됩니다. 영어는 주어로부터 물리적으로 가까운 것부터 멀어지는 순서로 단어를 배열하는 특징이 있습니다.

주어와 가장 가까운 것은 주어의 행위(동사), 그 다음 가까운 것은 행위의 대상(목적어), 그 다음은 가까운 장소, 그 다음은 멀고 넓은 장소와 같이 점차 확장해 나갑니다.

주인공에게 클로즈업하여 근접촬영을 시작한 카메라가 시간이 경과하면서 주인공으로부터 점점 멀어지면서 큰 화면으로 확장되는 화면을 연상하면 이해하기 쉽습니다.

사진출처: www.matthey.com

> **A woman is choosing some apples at the supermarket.**

위 문장을 자세히 분석하면

A woman is choosing some apples at the supermarket.
 ❶ 행위자   ❷ 행위   ❸ 대상   ❹ 장소 (부연설명)

해설 한 여자가 사과를 고르고 있는데, 그녀가 있는 장소는 슈퍼마켓입니다.

❶ 행위자: **a woman** ⇨ ❷ 행위: **is choosing** ⇨ ❸ 대상: **some apples** ⇨
❹ 장소: **at the supermarket**

행위자(주어) → 행위(동사) → 행동의 대상(목적어) → 행위자가 있는 장소(부사)

이렇게 행위의 주체인 주어로부터 물리적으로 가까운 것부터 먼 순서대로 배열됩니다.

사진출처: sturminator.blogspot.kr

> **Dallas Cowboys is beating San Francisco during the second quarter at Texas Stadium in Irving, Texas.**

위 문장을 자세히 분석하면

Dallas Cowboys **is beating** **San Francisco**
　❶ 행위자　　　❷ 행위　　　❸ 대상

during the second quarter **at Texas Stadium** **in Irving, Texas.**
　　❹ 시간　　　　　　❺ 가까운 장소　　　❻ 먼 장소

해설 댈러스 카우보이가 샌프란시스코를 이기고 있는데, 시간은 2쿼터가 진행 중이고, 장소는 텍사스 스타디움이며, 텍사스 스타디움은 텍사스의 어빙에 위치해 있습니다.

❶ 행위자: **Dallas Cowboys** ⇨ ❷ 행위: **is beating** ⇨ ❸ 대상: **San Francisco** ⇨ ❹ 시간: **during the second quarter** ⇨ ❺ 가까운 장소: **at Texas Stadium** ❻ 먼 장소: **in Irving, Texas**

사진출처: www.kscorn.com

A man is holding a gas pump and fueling his car at the gas station in Toronto, Canada.

위 문장을 자세히 분석하면

A man **is holding** **a gas pump** **and** **fueling** **his car**
❶ 행위자　❷ 행위　　❸ 대상　　　❹ 행위　　❺ 대상

at the gas station **in Toronto, Canada.**
　❻ 가까운 장소　　　　❼ 먼 장소

해설 한 남자가 주유기를 들고, 자신의 자동차에 기름을 넣고 있는데, 장소는 주유소이고, 주유소는 캐나다의 토론토에 위치해 있습니다.

Chapter 05 영어의 원리　63

사진출처: www.thelocal.de

Heavy snow caused traffic chaos in Bulgaria, closing major highway links, delaying flights and trains and cutting off electricity.

위 문장을 자세히 분석하면

Heavy snow caused traffic chaos in Bulgaria,
　❶ 행위자　　❷ 행위　　❸ 대상　　❹ 장소

closing major highway links, delaying flights and trains
　　　❺ 보충내용　　　　　　　❻ 보충내용

and cutting off electricity.
　　　❼ 보충내용

해설 폭설이 교통마비를 유발시켰는데, 장소는 불가리아이며 더불어 주요고속도로 교차부가 막히고 항공편과 열차편이 지연되었으며 전력공급도 끊기게 되었습니다.

② 영어는 내용이 궁금할 만한 순서대로 배열한다.

영어는 논리적으로 따지면 연역법에 가깝다고 합니다. 우리말은 결론의 위치가 주로 문장의 후반부에 오는데 반해, 영어는 결론이 문장의 전반부에 자리합니다. 결론을 먼저 제시해 놓고 나머지 필요한 내용을 상세하게 설명하면서 자신의 뜻을 구체적으로 표현하는 언어라는 뜻입니다. 흔히 원어민들은 자신이 할 말의 30% 정도로만 얘기를 시작하고 그 뒤는 말하면서 생각나는 대로 붙여서 완성한다고 합니다.

반면 한국어는 모든 내용을 끝까지 듣기 전에는 문장의 핵심을 파악하기 어렵습니다. 마지막 나오는 동사의 결론에 따라 내용 전체가 바뀔 수 있기 때문이죠. '한국말은 끝까지 들어봐야 알 수 있다.'라는 말이 그런 의미입니다.

영어는 일단 핵심어(주어+동사+목적어)를 말하고 나서 궁금할 만한 내용을 하나씩 붙여 말을 만들어 나갑니다.

Tomas was very tired from lack of sleep.
토마스는 잠이 부족해서 매우 피곤했습니다.

Tomas was very tired ➡ 토마스는 매우 피곤했다 (왜?)
from lack of sleep ➡ 잠이 부족해서

College students learn English to be successful in the job market.
대학생들이 채용시장에서 성공하기 위해 영어를 배웁니다.

College students learn ➡ 대학생들이 배운다 (무엇을?)
English ➡ 영어를 (왜?)
to be successful ➡ 성공하려고 (어디에서?)
in the job market ➡ 채용시장에서

I took out my wife to an Italian restaurant to celebrate her birthday last night.
나는 어젯밤에 아내의 생일을 축하해 주려고 이탈리안 식당으로 데려갔습니다.

I took out ➡ 나는 데리고 나갔다 (누구를?)

my wife ➡ 아내를 (어디로?)

to an Italian restaurant ➡ 이탈리안 식당으로 (왜?)

to celebrate her birthday ➡ 생일 축하해 주려고 (언제?)

last night ➡ 어젯밤에

Sometimes life's gonna hit you in the head with a brick.
살다보면 때로는 삶이 당신의 머리통을 벽돌로 내려칠 것입니다.

life's gonna hit you ➡ 인생이 칠 것입니다 (누구를?)

you ➡ 당신을 (어디를?)

in the head ➡ 머리를 (무엇으로?)

with a brick ➡ 벽돌로

③ 영어는 핵심정보를 언급하고 보충하는 말들은 뒤에 배열한다.

영어에서는 뼈대가 되는 핵심 정보를 먼저 제시하고 자세한 내용을 뒤에서 추가로 설명해 나가는 것이 특징입니다.

핵심어	+	설명 어구
주어+동사+(목적어)		부정사 분사구 전치사구 관계사절

간단히 말하면 중요한 내용을 먼저 강조하고 나머지는 부정사, 분사구, 전치사구, 관계사절 등의 형태로 추가 설명해 나가는 구조입니다. 읽을 때도 청취할 때와 마찬가지로 각 설명 어구를 하나의 서술어 단위로 인식하고 덩어리로 읽고 이해해 나가야 합니다. 단어를 하나씩 따져가며 읽는 것이 아니라 눈길을 핵심단어에만 주면서 의미단위별로 빠르게 읽어 나갑니다. 문장 속 의미단위의 키워드에 집중하면서 이미지로 떠올리면서 읽습니다. 영어는 덩어리(Chunk)로 듣고 덩어리(Chunk)로 읽는 언어입니다.

05
순서대로 이해하기

My friend called me to say that he couldn't come.

❶ 내 친구는 올 수 없다고 얘기하려고 나에게 전화했습니다.

❷ 내 친구는 내게 전화를 해서 올 수 없다고 말했습니다.

❶번의 해석이 자연스럽게 느껴진다면 영어를 한국어 어순으로 바꾸어 이해하는 사람입니다. 영어를 한국어 어순으로 바꾸어야만 이해가 되는 사람은 영어가 자연스럽게 이해되지 못할 뿐만 아니라 하나의 문장이 두 줄 이상으로 길어지면 머릿속이 하얗게 변합니다.

영어를 거꾸로 번역하는 방식의 치명적인 문제점은 상대방이 말하고 있는 내용의 순서와 듣는 사람이 이해하는 순서가 다르다는 것입니다. 상대방의 말을 들으면서 바로 이해해야 하는데 끝까지 다 듣고 나서 뒤에서부터 앞으로 번역해야 하기 때문입니다. 그러나 이제부터는 걱정할 필요가 없습니다. 문장이 제 아무리 길어도 순서대로 이해할 수 있는 방법이 있기 때문입니다. 영어를 읽을 때도 들을 때와 마찬가지로 의미단위별로 이해하는 것입니다. 기존의 뒤집어 번역하는 습관은 이제 과감히 버리세요.

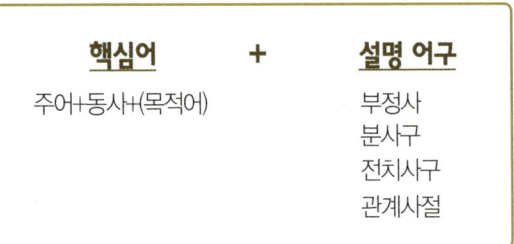

우리가 알고 있는 to부정사, 전치사구, 관계사절, 분사구와 같은 영어의 독특한 구조는 사실 핵심어를 자세히 설명하고자 하는 설명구에 불과합니다. 따라서 한 문장 내에 여러 개의 설명구가 있어 문장이 길어지더라도 당황하지 말고 설명구 단위로 차근차근 이해해 나가면 됩니다. 즉, 설명구를 하나의 의미단위인 [주어+동사+목적어]의 형태와 같이 풀어서 이해하면 됩니다. 아무리 긴 문장이라도 이러한 방법으로 영어의 어순대로 이해할 수 있습니다. 조금 긴 문장의 경우 아래와 같이 총 5개의 서술어가 결합되어 한 개의 문장이 되기도 합니다.

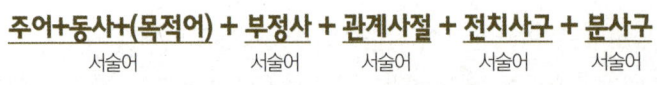

이제부터는 앞의 4가지 구조를 서술어 개념으로 이해하고 받아들이는 훈련을 해보세요. 다시 한 번 강조하지만 우리는 이해만 하면 됩니다. 절대 번역하지 마세요. 그것도 영어가 나오는 순서대로만 이해하면 됩니다.

정리하기

영어의 자음

▶ 영어는 핵심구(주어+동사+목적어)와 설명구(나머지)의 조합입니다.
▶ 설명구가 많으면 문장의 길이가 길어집니다.
▶ 긴 문장은 설명구 단위(의미단위)로 이해합니다.

01 to부정사

- **부정사의 뜻:** '문장에서 어느 명사 자리에 들어가야 할지 정해지지 않았다'는 의미이다. 즉, 주어로 사용될지 목적어로 사용될지 정해지지 않았다.
- **to부정사의 역할:** 명사(~하는 것)

❶ 주어로 사용

To drive a sports car is exciting. (운전하는 것)
스포츠카를 운전하는 것은 흥미진진합니다.

To run is good for our health. (달리는 것)
달리기는 건강에 좋습니다.

❷ 목적어로 사용

I want to be a doctor. (의사가 되는 것)
나는 의사가 되는 것을 원합니다.

I decided to study hard. (공부하는 것)
나는 공부를 열심히 하기로 결심했습니다.

❸ 주격 보어로 사용

My hobby is to travel abroad. (여행하는 것)
나의 취미는 해외여행을 하는 것입니다.

My hope is to be a good father. (아버지가 되는 것)
내 바람은 좋은 아버지가 되는 것입니다.

❹ 목적격 보어로 사용

I expected him to pass the test. (통과하는 것)
나는 그가 시험에 통과하는 것을 기대합니다.

I asked her to call me back. (전화하는 것)
나는 그녀에게 전화를 해달라고 부탁했습니다.

기본문에서 to부정사는 위와 같이 주로 4가지 용법으로 사용됩니다. 기본문 뒤에 추가되는 to부정사는 주로 부사적인 용법(~위하여)으로 사용되는데 이것은 아직까지 일어나지 않은 내용을 말하는 것이므로 미래의 계획으로 이해하면 큰 무리가 없습니다.

❶ When it comes to English, you have to train for many years to become a fluent speaker.

= When it comes to English, / you have to train for many years, / and you'll become a fluent speaker.

한국식 이해: 영어에 관한 한, 유창한 스피커가 되기 위해서는 수 년 동안 훈련을 해야 합니다.
영어식 이해: 영어에 관한 한, 수 년 동안 훈련해야 합니다. 그러면 유창한 스피커가 될 것입니다.

❷ Local firefighters were called to the scene to help the crying boy.

= Local firefighters were called to the scene, / and they helped the crying boy.

한국식 이해: 현지 소방관들은 울고 있는 아이를 구출하기 위해 제보를 받고 현장으로 왔습니다.
영어식 이해: 현지 소방관들은 제보를 받고 현장에 왔고, 울고 있는 아이를 구출했습니다.

❸ Firefighters used a heavy-duty inflatable air mattress to widen the gap and they sprayed the boy with oil to assist his release.

= Firefighters used a heavy-duty inflatable air mattress, / and they widened the gap, / and they sprayed the boy with oil, / and they assisted his release.

한국식 이해: 소방관들이 틈새를 벌리기 위해 튼튼한 에어 매트리스를 사용했고, 탈출을 돕기 위해 그 소년에게 기름을 분사했습니다.
영어식 이해: 소방관들이 튼튼한 에어 매트리스를 사용해서, 틈새를 벌렸고, 소년에게 기름을 분사해서, 그 소년의 탈출을 도왔습니다.

02 전치사구

① Senate Democrats blocked the move <u>by Senate Republicans</u> <u>on Wednesday</u> <u>in a 51-to-47 vote</u> that was right down party lines.

= Senate Democrats blocked the move, / <u>and it was by Senate Republicans</u>, / <u>and it was on Wednesday</u>, / <u>and it was in a 51-to-47 vote</u>, / and that was right down party lines.

> **한국식 이해:** 민주당 소속 상원의원들이 양 당론이었던 51대 47의 투표에서 수요일에 공화당 상원의원들의 반대 법안을 무산시켰습니다.
> **영어식 이해:** 민주당 소속 상원의원들이 반대 법안을 무산시켰습니다. 그 법안은 공화당 상원의원들이 발의되었으며, 일어난 것은 수요일입니다. 투표결과는 51대 47이었으며, 그것은 양 당의 당론이었습니다.

② Madsen Carin was born <u>at 11: 59 p.m.</u> <u>on December 31st</u>.

= Madsen Carin was born, / <u>and it was at 11:59 p.m.</u> / <u>and it is on December 31st</u>.

> **한국식 이해:** 매디슨 카린이 12월 31일, 저녁 11시 59분에 태어났습니다.
> **영어식 이해:** 매디슨 카린이 태어났습니다. 시간은 저녁 11시 59분이었고, 12월 31일 이었습니다.

③ Carmaker Toyota announcing "It will suspend production <u>at 5 plants</u> <u>in Europe</u> <u>for several days</u>."

= Carmaker Toyota announced / it would suspend production, / <u>and it would be at 5 plants</u>, / <u>and they would be in Europe</u>, / <u>and it would be for several days</u>.

> **한국식 이해:** 자동차 제조업체 토요타는 며칠 동안 유럽에 있는 5개의 공장에서 생산을 중단한다고 발표했습니다.
>
> **영어식 이해:** 토요타 자동차 제조업체는 다음과 같이 발표했습니다. 자동차 생산을 중단한다고 합니다. 그것은 5개의 공장에서 시행되며, 공장들은 유럽에 있습니다. 그리고 기간은 며칠 동안이 될 것입니다.

03 관계사절

① Seventy percent of people <u>who bought</u> store brands thought the quality of those store brands was quite high.

= Seventy percent of people bought store brands, / <u>and they thought</u> / the quality of those store brands was quite high.

> **한국식 이해:** 자체 브랜드 제품을 구입한 70퍼센트의 사람들은 자체브랜드 제품의 질이 높다고 생각했습니다.
>
> **영어식 이해:** 70퍼센트의 사람들이 자체브랜드 제품을 구입했으며, 그들은 이렇게 생각합니다. 자체브랜드 제품의 질이 높다고 말이죠.

② Officials say the blast involved a barge <u>that was undergoing maintenance work</u>.

= Officials say / the blast involved a barge, / <u>and it was undergoing maintenance work</u>.

> **한국식 이해:** 현지 관리들은 그 폭발이 유지보수 작업이 진행 중이던 바지선과 관계가 있었다고 말합니다.
>
> **영어식 이해:** 현지 관리들은 말합니다. 그 폭발은 바지선과 관련이 있다고 말이죠. 그 바지선은 유지보수 작업 중이었다고 합니다.

③ Omaha police say a 17-year-old <u>who fatally shot his assistant principal</u> had just been suspended for driving onto the school's football field.

= Omaha police say / <u>a 17-year-old fatally shot his assistant principal</u>, / and he had just been suspended, / and it was for driving onto the school's football field.

한국식 이해: 오마하 경찰은 교감선생님을 처참하게 살해한 17세 소년이 학교 내 축구 경기장에 자동차를 몰고 들어온 이유로 정학을 당했다고 말했습니다.

영어식 이해: 오마하 경찰은 말합니다. 17세 소년이 자신의 교감선생님을 처참하게 살해했고, 그 소년은 정학을 당했는데, 그 이유는 학교 축구경기장에 차를 몰고 들어갔기 때문이라고 합니다.

04 분사구문

① Al Qaeda network hijacked 4 planes, <u>topping the World Trade Center</u> in New York, <u>crashing into the Pentagon and crash-landing</u> in Shanksvill in Pensylvania.

= Al Qaeda network hijacked 4 planes / <u>and it toppled the World Trade Center</u>, / and it was in New York, / <u>and it crashed into Pentagon</u>, / <u>and it crash-landed</u>, / and it was in Shansvill in Pensylvania.

한국식 이해: 알카에다 네트워크는 4대의 비행기를 납치함과 동시에 뉴욕에 있는 세계무역센터를 무너뜨리고 펜타곤을 향해 비행기를 돌진시켰으며, 펜실베니아 생스빌에서 항공기도 불시착시켰습니다.

영어식 이해: 알카에타 네퉈웍은 4대의 비행기를 납치했으며, 세계무역센터를 무너뜨렸는데, 무역센터는 뉴욕에 있었습니다. 그들은 비행기를 돌진시켰는데 대상은 펜타곤이었고, 항공기도 불시착시켰습니다. 장소는 생스빌 지역이고 생스빌은 펜실베니아에 위치해 있습니다.

② British troops in the Southwest province of Helmund, <u>teaching Afghan army recruits</u> how to spot and deal with the bombs.

= British troops are in the Southwest province of Helmund, / <u>and they are teaching Afghan army recruits</u>, / and it is about how to spot and deal with the bombs.

한국식 이해: 헬문의 남서쪽 지방에서 영국군이 아프가니스탄 신병들에게 폭탄을 탐지하고 다루는 방법을 가르치고 있습니다.
영어식 이해: 영국군이 헬문의 남서쪽 지방에 있습니다. 그들은 아프가니스탄 신병들을 가르치고 있는데, 그것은 폭탄을 탐지하고 다루는 방법에 관한 것입니다.

③ Dozens of people were killed <u>including at least 4 people</u> at the city's hospital.

= Dozens of people were killed, / <u>and they included at least 4 people</u>, / and they were at the city's hospital.

한국식 이해: 시내 병원에 있는 최소 4명의 사람들을 포함하여 수십 명의 사람들이 죽음을 당했습니다.
영어식 이해: 수십 명의 사람들이 죽음을 당했습니다. 그리고 4명이 더 포함되었는데, 그들은 시내 병원에 있었습니다.

05 설명구의 확장

① Crews in Arizona continue to work around the clock to protect hundreds of homes that may be in the path of a massive wildfire in the eastern part of the State.

= Crews are in Arizona, / and they continue to work around the clock, / and they will protect hundreds of homes, / and they may be in the path of a massive wildfire, / and it is in the eastern part of the State.

한국식 이해: 애리조나 주 동부지역에서 발생한 대형 산불의 진로에 놓일 가능성이 있는 수백 채의 가옥을 보호하기 위해 소방대원들이 24시간 내내 진화작업을 하고 있습니다.

영어식 이해: 소방대원들은 지금 애리조나에 있습니다. 그들은 진화작업을 하고 있는데, 24시간 내내 계속되고 있습니다. 그들은 수백 채의 가옥을 보호하려고 하는데, 그 가옥들은 대형 산불의 진로에 놓일 수 있습니다. 산불은 주 동부지역에서 발생했습니다.

② Shareholders at Apple's annual meeting rejected a plan requiring the company to disclose a succession plan for its ailing chief executive.

= Shareholders were at Apple's annual meeting, / and they rejected a plan, / and it was requiring the company to disclose a succession plan, / and it was for its ailing chief executive.

한국식 이해: 애플의 연례 회의에 참석 중인 주주들은 병상에 있는 CEO에 대한 승계계획을 밝히려고 하는 회사의 계획에 반대를 했습니다.

영어식 이해: 주주들은 애플의 연례회의에 참석했고, 어떤 계획안에 반대를 했습니다. 그 계획안은 회사가 승계계획을 발표하도록 요구하는 것이었으며, 내용은 병상에 있는 CEO에 대한 것이었습니다.

❸ Police say two gunmen opened fire in a busy market in a southern province, killing at least one person and wounding two others at the start of the Buddhist holiday.

= Police say two gunmen opened fire, / and it was in a busy market, / and it was in a southern province, / and they killed at least one person, / and they wounded two others, / and it was at the start of the Buddhist holiday.

한국식 이해: 경찰은 부처님 오신 날 연휴 첫날에 남쪽지방에 있는 번잡한 시장에서 두 명의 남자가 총기를 난사하여 최소한 한 사람이 사망하고 두 명이 다쳤다고 밝혔습니다.

영어식 이해: 경찰은 밝혔습니다. 두 명의 남자가 총기를 난사했으며, 그곳은 번잡한 시장이었고, 그 시장은 남쪽 지방에 있다고 합니다. 그 남자들은 최소 한 명을 사살했고, 두 명을 다치게 했으며, 그 사건은 부처님 오신 날 연휴 첫날에 일어났습니다.

❹ Consumers are flexing their holiday muscle and opening their wallets at shopping malls across the nation and on the web.

= Consumers are flexing their holiday muscle, / and they are opening their wallets, / and it is at shopping malls, / and it is across the nation and on the web.

한국식 이해: 소비자들이 휴가철에 구매력을 과시하고 있습니다. 그리고 그들은 전국적으로, 온라인 쇼핑몰에서 지갑을 열고 있습니다.

영어식 이해: 소비자들이 휴가철 구매력을 과시하고 있으며, 지갑을 열고 있습니다. 쇼핑몰에서 말이죠. 쇼핑몰은 전국적으로 퍼져 있으며, 온라인에서 벌어지고 있습니다.

⑤ Boeing has promised to fulfill at least 600 orders for the new jumbo jet that boasts a structure made of new lighter composite material allowing the plane to fly longer distances with more passengers on board.

= Boeing has promised to fulfill at least 600 orders, / and it is for the new jumbo jet, / and that boasts a structure, / and that is made of new lighter composite material, / and it allows the plane to fly longer distances, / and it can have more passengers on board.

한국식 이해: 보잉사는 더 많은 승객들을 싣고 더 먼 거리의 비행이 가능토록 해주는 새롭고 가벼운 합성물질로 제작된 구조를 자랑하는 새로운 점보제트기를 구입하기 위해 최소 600건의 주문을 실행하기로 약속했습니다.

영어식 이해: 보잉사는 최소 600건의 주문 실행을 약속했습니다. 그것은 새로운 점보제트기에 관한 것입니다. 그 제트기는 어떤 구조를 자랑하는데요, 그것은 새로운 가벼운 합성물질로 만들어졌다는 겁니다. 그 물질은 더 멀리 여행이 가능하도록 해주며, 더 많은 승객을 수송할 수 있도록 해줍니다.

정리하기

▶ 영어는 서술어 단위로 이해합니다. 즉, 나오는 순서대로 이해합니다.

CHAPTER 06
말하기를
잘하는 방법

01
듣기는 수동, 말하기는 능동이다

말하기는 연습량에 비례합니다.

> 프로 운동선수들은 자기 시간 중 20%를 시합에, 80%를 훈련에 투자한다. 한 조사에 의하면 대부분의 직장인들은 '자기 시간의 99%를 일에, 1%를 자기 계발에 투자한다.' 운동선수로 치자면 거의 연습도 하지 않고 시합에 임하는 것과 마찬가지다.
>
> — 혼다 나오유키의 '레버리지 씽킹'에서

영어를 스포츠 경기에 비유해 보면 '듣기=관중', '말하기=운동선수'와 같습니다. 프로 운동선수와 관중은 모두 운동경기의 일부이지만 관중은 관람을 하는 수동적인 영역에 있는 반면 실제로 경기를 진행하는 프로 운동선수는 능동적인 영역에 속해 있습니다.

즉, 관중에게는 지켜보는 것 외에 별다른 노력이 필요하지 않지만 프로 운동선수는 승부가 걸린 단 몇 분의 경기에 임하기 위해서 엄청난 훈련을 해야만 합니다. 수동적인 영역과 능동적인 영역은 이처럼 근본적으로 어마어마한 차이가 존재합니다.

사람이 배운 후 48시간이 지나 얼마나 기억하는지에 대한 실험결과가 있습니다.

> 읽기만 하는 경우에 사람들은 10% 정도 기억하고,
> 보고 들은 경우에는 50%,
> 그리고 다른 사람에게 가르친 경우엔 90%까지 기억하고 있었다.

역시, 능동적으로 가르치는 것이 제대로 배우는 것이라는 내용입니다. 영어청취는 비록 복잡한 영어 문장구조를 잘 이해하지 못한다고 하더라도 키워드 몇

개만 듣고도 어느 정도 내용을 유추할 수 있습니다.

그러나 말하기는 앞서 비유한 것처럼 듣기와는 완전히 차원이 다릅니다. 말하기는 단어만 많이 알고 있다고 해서 쉽게 작동되는 영역이 아닙니다. '가르치면 90%까지 기억된다'는 말처럼 능동적인 말하기 연습(Output)을 거쳐야만 말하는 능력을 키울 수가 있습니다.

'듣기'와 '읽기'처럼 수동적인 영역만 테스트하는 각종 영어시험에서 고득점을 획득하더라도 말 한마디 제대로 못하는 이유는 말하기 훈련과 같은 능동적인 아웃풋 과정이 뒷받침되지 않았기 때문입니다.

말하기를 잘하기 위해서 전화영어와 같은 도구를 선택하는 분들도 있습니다. 저도 과거에 전화영어를 해 본 경험이 있습니다. 그러나 전화영어는 기대와는 다르게 말하기 실력을 그다지 높여주지 않습니다. 전화영어 자체에는 전혀 문제가 없습니다. 다만, 그것을 활용하는 사람의 문제인 것입니다. 자신의 머릿속에 들어있는 몇 개 안 되는 표현으로 대화를 하다 보면 불과 며칠도 안 되어 말하기 재료가 바닥나고 다람쥐 쳇바퀴와 같이 했던 얘기를 되풀이하는 악순환이 시작됩니다. 전화영어에서 효과를 보기 위해서는 별도의 시간을 내서 다양한 표현으로 말하는 훈련을 병행해야 합니다. 즉, 인풋과 아웃풋을 동시에 해야 합니다.

In contrast, linguistic forms whose grammatical computation depends upon procedural memory in L1 are posited to be largely dependent upon declarative/lexical memory in L2. They may be either memorized or constructed by explicit rules learned in declarative memory. Thus in L2, such linguistic forms should be less dependent on procedural memory, and more dependent on declarative memory, than in L1. Moreover, this shift to declarative memory is expected to increase with increasing age of exposure to L2, and with less experience (practice) with the language, which is predicted to improve the learning of grammatical rules by procedural memory.

Journal of Psycholinguistic Research, Vol. 30, No. 1, 2001,
MICHAEL T. ULLMAN(Georgetown University)

모국어를 말할 때 어순, 문장(Mental Grammar) 등은 **절차기억**을 활용하는 반면
외국어를 말할 때의 어순, 문장 등은 **서술기억**을 활용하는 경향이 있다.
외국어는 암기를 통해 **서술기억**으로 자리 잡게 되기 때문에
외국어를 구사할 때 **절차기억**의 활용도가 낮다.

– 심리 언어 연구 저널, 조지타운대학교, 마이클 T. 울만 교수

위 내용을 요약하면, 말하기는 영어의 문장규칙을 머리로 의식하지 않고 생각과 동시에 입에서 자연스럽게 나오도록 절차기억으로 만드는 훈련입니다.

한국어는 매일 사용해야만 하는 환경에 있기 때문에 마치 운동을 하는 것처럼 자연스럽게 뇌의 무의식 영역인 절차기억으로 저장이 됩니다. 따라서 문장규칙을 의식하지 않고도 생각과 동시에 말을 할 수 있습니다.

그러나 활용도가 낮은 외국어인 영어는 모국어처럼 환경의 도움을 받지 못하기 때문에 대체로 암기와 같은 서술적 기억에 의존해서 배우게 됩니다. 서술적 기억은 말할 때 암기한 것을 생각해 내야 하기 때문에 절차기억보다 느리고 자연스럽지 않습니다.

영어를 서술적 기억으로 암기해야 하는 우리에게 외국어의 문장구조를 모국어처럼 무의식의 영역인 절차기억으로 바꾸어 주는 가장 효과적인 방법이 바로 반복적인 말하기 연습입니다. 동시통역사와 같이 영어를 잘하는 사람에게 말을 잘하는 비결을 물어보면 예외 없이 엄청난 양의 반복적인 훈련을 강조합니다. 언어감각은 마치 운동감각과 같다고 해도 과언이 아닙니다. 말을 잘하고 싶다면 뇌의 무의식 영역에 각인될 정도로 반복, 또 반복해야 합니다.

02
문장구조를 알아야 말이 된다

언어를 배우는 데 있어서 구조(Structure)는 생명과 같습니다. 우리가 모국어인 한국어를 배울 때를 돌이켜 보면 초등학교 입학 이후부터 대학을 졸업할 때까지 약 15년간 활자를 접하면서 우리말의 문장구조를 완벽하게 익히는 단계를 거쳤습니다. 소리를 식별하는 능력은 5세 이전에 이미 완성이 되었고 활자를 익혀가면서 점차 나이에 맞는 이해력을 갖추게 됩니다. 즉, 얼마나 많은 책을 읽었느냐가 그 사람의 언어 능력, 지적 능력을 나타내는 척도가 되는 것입니다.

앞서 말을 잘하기 위해서 말하기 연습을 강조했는데 더불어 고급 수준의 언어를 구사하려면 반드시 책을 많이 읽어야 합니다. 소리는 발성으로 습득되지만 구조는 눈으로 자꾸 보아야 익숙해집니다. 그렇게 구조가 익숙해지면 어떤 표현이 필요할 때 자신이 입에서 자연스럽게 흘러나옵니다. 서너 번 들어봤다거나 한두 번 본 적이 있다는 정도로는 체화하기에 턱없이 부족합니다. 빈번하게 노출되어 의식적인 암기과정 없이 절차기억으로 바뀐 것만 온전히 자신의 것으로 체화됩니다.

성인이 되어서 외국어를 배우는 경우 처음에는 소리식별에 많은 어려움을 겪지만 약 500시간 이상의 시간이 투입되면 그때부터는 소리보다는 문장구조 때문에 영어실력이 진전되지 않는다는 것을 느끼게 됩니다. 다독(多讀)은 직독직해에 필요한 이해속도를 만들어 주는 가장 중요한 도구입니다. 다독을 통해 풍부한 영어 표현과 다양한 문장구조를 자연스럽게 습득할 수 있습니다.

03
말을 늘려가는 방법 (문장 규칙)

01 문장의 최소형태

- 주어+동사+(목적어)
- 주어+be동사+명사/형용사/전치사/장소부사

Paul slept. (~하다)
주어 동사
폴은 잤습니다.

Mike called a taxi. (~을 하다)
주어 동사 목적어
마이크가 택시를 불렀습니다.

My girlfriend is beautiful. (~이다)
주어 be동사 형용사
내 여자 친구는 아름답습니다.

The tray is under the table. (~있다)
주어 be동사 전치사구
쟁반이 탁자 아래에 있습니다.

02 문장이 길어지는 이유

> · 기본문장 + α = 명사 + 동사 + 명사 + α(곁가지)
>   주어   동사   목적어

문장이 길어지는 이유는 주어와 목적어 역할을 하는 명사를 부연 설명하는 말들이 추가되기 때문입니다. 즉, 한 문장에 명사가 얼마나 많으냐에 따라 문장이 얼마나 길어지느냐가 결정됩니다. 기본 문장이 끝나면 이후에 주로 명사를 설명하는 말이 덧붙여집니다.

★ 문장 늘리기 Rule 1

명사가 곁가지에서 목적어 역할

> · 명사 + 동사 + 명사 + (that) + 명사 + 동사
>   기본문장   목적격 관계사   곁가지

I lost the laptop. → 기본문장 (주어+동사+목적어)
I lost the laptop (that) my mother bought. → 어머니가 사줬다고 부가설명
         명사   목적격   주어   동사
나는 어머니가 사주신 노트북을 잃어버렸습니다.

★ 문장 늘리기 Rule 2

명사가 곁가지에서 주어 역할

> · 명사 + 동사 + 명사 + that + 동사 + 명사
>   기본문장   주격 관계사   곁가지

I love the girl. → 기본문장 (주어+동사+목적어)
I love the girl that takes our pictures. → 사진촬영을 한다고 부가설명
         명사   주격 동사   목적어
나는 우리 사진을 촬영해주는 저 여자를 사랑합니다.

● 명사와 곁가지를 이어주는 연결고리: 관계대명사 (곁가지에서 주어/목적어 역할)

명사는 문장에서 주어나 목적어로 사용될 수 있으므로 기본 문장에 추가로 부연 설명하는 곁가지에서 주어(주격관계사) 또는 목적어(목적격관계사)로 표현이 가능합니다.

★ 문장 늘리기 Rule 3

기본문장을 명사가 추가설명

> · 명사 + 동사 + 명사 + 전치사 + 명사
>   기본문장   곁가지

I study English. → 기본문장 (주어+동사+목적어)
I study English after work. → '일이 끝난 후'라는 내용 추가설명
        기본문장   전치사   명사
나는 일이 끝난 후에 영어공부를 합니다.

We had a conversation. → 기본문장 (주어+동사+목적어)
We had a conversation over coffee. → '커피를 마시면서'라는 내용 추가설명
        기본문장   전치사   명사
우리는 커피를 마시면서 대화를 했습니다.

● 기본문장을 명사가 추가설명 (전치사가 기본문장과 명사의 연결고리 역할)

유용한 팁!

「전치사+명사」는 문장 내에서 부사역할을 하기 때문에 문장의 앞 뒤 어느 곳이든 마음대로 이동할 수 있습니다.

We had a conversation over coffee. = Over coffee, we had a conversation.
우리는 커피를 마시면서 대화를 했습니다.

He sent a letter in the morning. = In the morning, he sent a letter.
그는 아침에 편지를 보냈습니다.

I make money for my family. = For my family, I make money.
나는 내 가족을 위해 돈을 법니다.

★ 문장 늘리기 Rule 4

기본문장을 동사가 추가설명

> · 명사 + 동사 + 명사 + to + 동사 + 명사
>   기본문장   곁가지

I repeated her name. → 기본문장 (주어+동사+목적어)
I repeated her name to remember. → '기억하다'라는 내용 추가설명
   기본문장   동사
나는 그녀의 이름을 기억하려고 반복해서 외웠습니다.

I visited the gym. → 기본문장 (주어+동사+목적어)
I visited the gym to exercise. → '운동하다'라는 내용 추가설명
   기본문장   동사
나는 운동을 하려고 체육관에 들렀습니다.

I took a number. → 기본문장 (주어+동사+목적어)
I took a number to buy tickets. → '티켓을 사다'라는 내용 추가설명
   기본문장   동사+명사
나는 티켓을 사려고 번호표를 뽑았습니다.

★ 문장 늘리기 Rule 5

현재분사는 명사의 형용사 역할 (능동의 의미)

> · 명사 + 동사 + 명사 + 동사-ing
>   기본문장   형용사

A sleeping baby (단독)
   형용사
A baby sleeping in the room (길어지면 명사 뒤)
        형용사구
방에서 자고 있는 아기

<u>There is a man who sings a song</u>. (길어지면 명사 뒤)
        기본문장   형용사절(관계사절)

= There is a man <u>singing a song</u>. (길어지면 명사 뒤)
                          형용사구

노래를 하는 남자가 있습니다.

분사는 동사가 변형(-ing)되어 명사를 수식하는 형용사 역할을 합니다. 접속사나 관계대명사가 생략되면서 동사가 분사(-ing, -ed)로 바뀌어 명사를 꾸미는 형용사 역할을 합니다. 분사가 길어지면 명사 뒤에 옵니다.

<u>I know the man who speaks English fluently.</u>
        기본문장   형용사절(관계사절)

= I know the man <u>speaking English fluently</u>.
                            형용사구

나는 영어를 유창하게 구사하는 저 남자를 알고 있습니다.

<u>I got an expensive bag (which is) expensive, fancy and stylish</u>.
          기본문장   형용사절(관계사절)

= I got an expensive bag <u>(being) expensive, fancy and stylish</u>.
= I got an expensive bag <u>expensive, fancy and stylish</u>.
                                     형용사구

나는 비싸고, 화려하며, 멋진 가방을 하나 구입했습니다.

★ 문장 늘리기 Rule 6

과거분사는 명사의 형용사 역할 (감정·수동의 의미)

> · 명사 + 동사 + 명사 + 동사-ed
>   기본문장   형용사

An <u>open-minded</u> man (단독)
       형용사

마음이 넓은 남자

A man <u>open-minded and handsome</u> (길어지면 명사 뒤)
               형용사구

마음이 넓고 잘생긴 남자

People trust the man <u>(who is) open-minded to most cases</u>.
    기본문장   형용사절(관계사절)

= People trust the man <u>(being) open-minded to most cases</u>.

= People trust the man <u>open-minded to most cases</u>.
                           형용사구

사람들은 대부분 상황에서 마음이 열려 있는 그 남자를 신뢰합니다.

A <u>Clean</u> room (단독)
   형용사

깨끗한 방

Rooms <u>(that were) cleaned by housekeepers</u>.
              형용사절(관계사절)

= Rooms <u>cleaned by housekeepers</u>.
             형용사구

객실 청소부가 정리한 방들

유용한 팁!

동사에 -ing 또는 -ed를 붙여 만들어진 분사는 형용사 역할을 하며 직접 명사를 수식할 수 있으므로 [관계대명사+be동사]는 대부분 생략됩니다.

★ 문장 늘리기 Rule 7

접속사는 문장과 문장을 연결하는 고리 역할

> · 명사 + 동사 (+ 명사) + 접속사 + 명사 + 동사 (+ 명사)
>   기본문장   기본문장

The mailman visited our house. → 기본문장 (주어+동사+목적어)
The mailman visited our house when we were out to lunch.
           기본문장   접속사   기본문장

집배원이 우리 집을 방문했을 때 우리는 점심식사 하러 외출 중이었습니다.

He will feel happy. → 기본문장 (주어+동사+목적어)
He will feel happy as long as he gets promoted.
     기본문장   접속사   기본문장

그는 승진만 할 수 있다면 행복할 것입니다.

정리하기

▶ 영어로 말 늘리기

기본문장 = 명사 + 동사 + 명사

Rule 1 명사+동사+명사 + (관계사 + 명사 + 동사)
             기본문장   목적어   주어+동사

Rule 2 명사+동사+명사 + (관계사 + 동사 + 명사)
             기본문장   주어   동사+목적어

Rule 3 명사+동사+명사 + (전치사 + 명사)
             기본문장

Rule 4 명사+동사+명사 + (to + 동사)
             기본문장

Rule 5 명사+동사+명사 + (동사-ing)
             기본문장

Rule 6 명사+동사+명사 + (동사-ed)
             기본문장

Rule 7 명사+동사+명사 + 접속사 + (명사+동사+명사)
             기본문장   기본문장

CHAPTER 07
훈련법 이해

01
모국어 습득방식의 원리

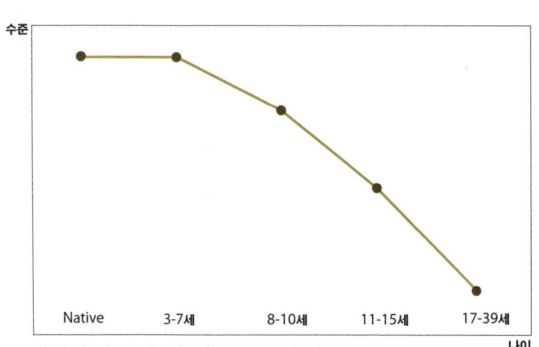

나이에 따른 새로운 언어 습득 용이성

인간은 태어나서 만 3세까지 약 3,000시간, 만 5세까지 약 9,000시간 동안 새로운 언어에 지속적으로 노출되면서 소리를 들을 수 있는 능력과 그 언어의 고유한 어순(구조)을 자동으로 습득하게 된다고 합니다.

새로운 언어를 습득하는 데에는 일명 '결정적 시기(Critical period)'라는 것이 존재하는데 위 표를 보면 사춘기(약 13세)를 지나면서 자연적인 언어습득능력이 급격하게 떨어지는 것을 볼 수 있습니다. 언어는 한 살이라도 어렸을 때 배우는 것이 절대적으로 유리하다는 것을 확인하게 해주는 부분입니다.

언어를 자연적으로 습득하는 언어습득 장치는 생후 18개월에서 6세까지 가장 왕성하게 작동된다고 합니다. 그러나 성인이 되면 유아기 때 작동했던 두 개의 언어습득 장치가 하나로 통합되어 외국어를 자신이 습득한 모국어로 전환하여 받아들이고 표현하게 되므로 습득 속도가 현저하게 늦어집니다.

그렇다면 만 20세가 지난 성인은 새로운 언어습득이 불가능할까요? 그렇지 않습니다. 어린 아이에 비해 절대적으로 불리할 것만 같은 성인에게도 해결 방법이 있기 때문에 이렇게 글을 쓰고 있는 것입니다.

일반적으로 '아이들은 성인보다 훨씬 빨리 외국어를 배운다.'고 알려져 있습니다. 완전히 틀린 말은 아니지만 그렇다고 맞는 말도 아닙니다. 왜냐하면 그 조건이 어렸을 때 이민이나 유학을 가서 모국어처럼 온종일 영어환경에 노출되어 자란 경우에나 해당되기 때문입니다. 우리나라와 같이 일상생활을 한국어로 하고 기껏해야 일주일에 서너 시간 정도 간헐적으로 영어를 배우는 환경에서는 경우가 다릅니다.

많은 실험을 통해 밝혀진 연구결과에 의하면, 외국어로서 영어를 배울 때 아이들이 성인보다 더 빨리 배운다는 가설은 지금까지 입증된 적이 없습니다. 오히려 어린 아이들은 인지능력이 미숙한 상태이기 때문에 12세 이상의 청소년이나 성인보다 학습능력이 훨씬 떨어진다는 연구결과가 최근에 자주 보고되고 있습니다. 영어를 모국어와 비슷한 환경이 아닌 국내에서 배우는 경우 어휘, 문장구조, 경험, 배경지식 등 이해력이 풍부한 성인이 훨씬 뛰어나다는 것입니다. 다만, 발음 면에서는 어린이가 성인보다 다소 우월한 것으로 나타났습니다.

실제로 우리나라에서 고액 영어유치원을 1년 이상 다니다 그만둔 어린 아이의 경우 채 1년도 안 되어서 배운 내용을 거의 대부분 잊어버리는 사례를 주위에서 어렵지 않게 발견할 수 있습니다. 외국어 환경에서 이해력이 뒷받침되지 않은 채 어른들의 일방적인 주입식 교육이 낳은 무지의 결과물입니다. 아이들도 영어환경이 아닌 외국어 환경에서는 모국어처럼 천재적인 언어 습득 능력을 발휘하지 못하는 것입니다. 따라서 아이들의 영어교육은 모국어를 바탕으로 내용 이해에 기반을 두고 가르쳐야 제대로 효과를 볼 수 있습니다.

성인의 경우 여러 면에서 유아나 어린이와 차이가 있지만 성인의 강점을 이용하면 단기간에도 본인이 원하는 훌륭한 실력을 충분히 만들 수 있습니다.

다만, EFL 환경이라는 외국어 환경과 습득능력 등 여러 가지 조건이 모국어 환경과 다르기 때문에 방법도 기존의 방식과 현격하게 달라질 수밖에 없습니다.

01 어린이보다 뛰어난 성인의 능력

첫째, 성인은 어린 아이와 달리 인지능력이 대단히 뛰어납니다. 인지능력이란 사물을 분별하여 인지할 수 있는 능력을 말하는데, 더 쉽게 말하면 이해력을 의미합니다.

20~30년 이상 세상을 살아오면서 쌓아온 수많은 경험 덕분에 자신의 나이 수준의 내용 정도만 이해할 수 있는 어린이와는 비교할 수 없을 만큼 이해력이 뛰어나다고 말할 수 있습니다. 예를 들면 5세 어린이에게 부동산에 관한 내용을 설명해 주면 단어의 소리는 들을 수 있지만 내용은 전혀 이해를 하지 못한다는 뜻입니다.

또한, 성인은 뇌의 전두엽 부분이 발달되어 인내력이나 집중력이 어린이에 비해 3배 이상 뛰어납니다.

즉, 성인은 어린이보다

1. 인지능력이 훨씬 뛰어나다.
2. 집중력이 3배 이상 뛰어나다.

이 두 가지 강점만으로도 성인은 자신의 의지에 따라 하루에 1~2시간씩 무언가를 집중하여 실행할 수 있는 엄청난 능력을 가지고 있습니다.

성인은 이와 같은 강력한 무기를 잘 활용할 줄 알아야 합니다. 환경과 나이 탓을 하며 자신의 잠재력을 충분히 인지하지 못하고 미리부터 자포자기하는 분들이 많습니다. 다행히 최근에는 성인이 되어서도 영어를 정복한 사람들의 사례가 눈에 띄게 늘어나고 있습니다.

이제는 더 이상 영어를 잘한다는 것이 어렸을 때부터 시작했다거나 외국에 오래 살다 왔다는 특별한 조건을 갖춘 사람만이 누리는 기득권의 혜택이 아닙니다. 대한민국 성인 누구나 하루에 한 시간 정도 투자할 실천 의지와 실행력만 있다면 자신이 원하는 만큼 잘할 수 있다고 100% 확신합니다.

정리하기

▶ 성인은 어린이보다 인지능력과 집중력이 3배 이상 뛰어납니다.
▶ EFL 환경에서 영어를 배울 때 성인이 어린이보다 훨씬 유리합니다.
▶ EFL 환경에서 모국어 방식과 같은 단순노출(ESL) 방식을 적용하면 반드시 실패합니다. 환경의 차이는 방법의 차이와 관련이 있습니다.

02
영어청취가 안 되는 이유

01 인지적 자력효과 (Perceptual Magnet Effect)

1995년에 나온 한 논문에 의하면 언어습득을 위한 결정적 시기가 지난 성인의 경우 모국어의 소리가 뇌의 언어영역에 가득 차 있어 새로운 언어의 소리를 들을 때 모국어의 소리를 토대로 인지하게 된다고 합니다. 예를 들면 모국어의 비슷한 소리가 외국어 소리를 자석으로 끌어당기듯 영어의 L이나 R과 같은 발음을 들을 때 마치 한국어의 'ㄹ'처럼 들린다는 것입니다.

그러나 영어의 L이나 R 발음은 한국어의 'ㄹ'과 전혀 다른 새로운 소리입니다. 영어의 소리를 들리는 대로 인지하지 못하는 성인은 영어로 말을 할 때도 역시 한국어처럼 하게 됩니다.

이런 현상은 나이가 많이 들수록, 다시 말하면 모국어의 소리가 뇌에 완벽하게 안착될수록 굳어지며 모국어가 새로운 언어의 소리 인지를 방해하여 한국어 소리처럼 듣게 됩니다. 그래서 아무리 들어도 영어가 영어로 들리지 않고, 영어로 말할 때에도 별 수 없이 한국어처럼 하게 됩니다. 영어의 소리를 제대로 듣지 못하는 사람이 구사하는 영어는 한국어로 만들어낸 소리이기 때문에 원어민도 못 알아듣는 악순환이 반복됩니다.

02 영어의 음악성 (리듬)

- **한국어: 음절박자 언어** (Syllable-timed language)
- **영　어: 강세박자 언어** (Stress-timed language)

한국어는 또박또박 읽는 언어입니다. 모든 음절과 단어를 또박또박 끊어서 깔끔하고 명료하게 읽지 못하면 한국어를 못하는 것입니다. 그러나 영어는 강세단어만 크고 강하게 읽고, 나머지는 여러 개의 단어를 부드럽게 이어서 한 단어처럼 읽습니다. 강세단어 중심으로 발성하려다 보니 강세가 없는 단어들에는 '연음, 축약, 탈락' 등의 여러 가지 발음현상이 나타나게 됩니다. 즉, 또박또박 읽을 때 발성되는 소리와는 많이 다르게 읽어야 하기 때문에 한국어와 소리 면에서 차이가 많이 나는 것입니다. 영어는 덩어리(Chunk)로 읽어야 합니다.

03 영어의 음절체계

음절이란 자음과 모음이 만나 만들어지는 하나의 소리단위입니다. 그런데 한국인은 영어의 음절을 잘못 발음하는 경우가 많습니다. 예를 들어 take를 '테이크'라고 발음합니다. take의 발음은 [teik]이므로 1음절 단어입니다. 따라서 한국어처럼 '테이크'라고 3음절로 늘여서 발음하면 안 되고 한 개의 음절로 '테(익)' 하고 한 번만 힘주어 발음해야 합니다.

이것을 지키지 않으면 일본 사람들이 '김치'를 '기무치'라고 발음하거나 '맥도날드'를 '마꾸도나르도'라고 제멋대로 늘여 발음하는 것처럼 원어민에게는 괴상하게 들립니다.

> **street** [스트리트] **spread** [스프레드] **strike** [스트라이크] **drive** [드라이브]
> **make** [메이크] **spring** [스프링] **ground** [그라운드] **science** [싸이언스]
> **dry** [드라이] **friend** [프렌드] **wide** [와이드] **stream** [스트림] **smart** [스마트]

위의 단어들은 영어에서 모두 1음절 단어들입니다. 그러나 위에 표기된 한국어처럼 3~4음절로 늘여서 발음해 왔다면 지금까지 외운 단어들은 대부분 잘못된 소리로 습득한 것이므로 영어식으로 교정해야 합니다.

> · 영어의 음절단위: <u>자음(군)</u> + <u>(이중/삼중)모음</u> + <u>자음(군)</u>
>   　　　　　　　초성　　　　　중성　　　　　종성
>
> · 한국어의 음절단위: <u>자음</u> + <u>모음</u> + <u>자음</u>
>   　　　　　　　초성　　중성　　종성

한국어는 자음과 모음이 각각 한 개씩 결합되어 하나의 음절이 만들어집니다. 그러나 영어는 자음과 모음이 두 개 이상 중복되는 경우가 많습니다. 영어의 복자음이나 복모음을 한국어의 음절 방식으로 발음하려고 하면 각각의 자음에 'ㅡ' 또는 'ㅣ'와 같은 불필요한 모음을 추가하여 음절을 늘여서 발음해야 합니다.

영어에서는 두 개의 자음을 하나의 자음처럼, 이중모음도 하나의 모음처럼 이어서 한 번의 호흡으로 발음합니다. 따라서 Street [stri:t]을 '스트리트' 또는 spread [spred]를 '스프레드'와 같이 4음절로 발음하면 안 되고 한 번에 짧게 1음절로 발음해야 합니다. dry는 '드라이'처럼 모음 '이'를 추가하여 3음절로 늘여서 발음하면 안 되고 [dr+ai]와 같이 1음절로 발음합니다.

영어에서 1음절 단어가 전체 어휘의 약 87%를 차지한다는 통계가 있다고 합니다. 그 말은 그동안 무심코 한국어 음절로 바꿔 외운 영어 단어의 대부분이 잘못된 소리로 우리의 머리에 입력되었다는 뜻이므로 심각성이 매우 큽니다.

시중에 가끔 영어 발음기호를 한글로 바꾸어 표기하는 책들이 있는데 이는 수많은 영어 학습자를 기만하는 것이며 한글로 표기 가능한 영어발음은 거의 없다고 해도 과언이 아닙니다.

아래는 ABBA의 I have a dream 악보의 일부분입니다.

색 글씨로 표기된 영어가사는 영어에서는 1음절이지만 한국식으로 읽으면 [크로스], [스트림], [해브], [드림]과 같이 2~3음절로 발음됩니다.

음악의 장단에 맞춰 노래를 부르다 보면 우리말로는 2~3음절로 발음되는 단어들이 자연스럽게 1음절로 발음되는 박자감각을 느낄 수 있습니다.

cross를 보면 음표가 하나만 붙어 있는 것을 볼 수 있죠. 이 단어를 한국식으로 발음한다면 3음절(크로스)이므로 음표를 세 개로 쪼개야 합니다.

팝송으로 영어를 정복할 수 있다고 말하기는 어렵지만 영어의 리듬을 이해야 하는 도구로서의 역할은 충분히 할 수 있습니다. 영어의 음절을 이해하고 발성훈련을 하면 잘못된 소리들을 제대로 교정할 수 있습니다.

04 배경지식 부족

> **안드로이드 4.1 젤리빈, 무엇이 더 바뀌나**
>
> 구글이 상반기 선보인 안드로이드4.1 '젤리빈' 운영체제(OS)가 최근 신형 단말기 업데이트를 예고하면서 더 강화된 성능과 변화를 보일 전망이다.
> 지난 6월말 구글 I/O 현장에서 소개된 젤리빈은 향상된 보이스액션 기능과 구글보이스 인터페이스, 이를 뒷받침하는 지능형검색 지식그래프, 오타율 감소 키보드 알고리즘, NFC 향상과 안드로이드빔, 포토 앱 개선, 대중교통 정보 연동 검색, 소셜 스트림과 일정과 추천정보와 항공편 시간을 묶어 보여주는 알림막대 등이 주를 이뤘다.
>
> - 중략 -
>
> 삼성전자의 히트작 갤럭시S3용 젤리빈 업데이트가 이달 등장을 예고한 가운데 갤럭시노트, 갤럭시노트 10.1용도 나올 것으로 관측된다.
> 더불어 지난해 출시한 갤럭시S2도 젤리빈 업데이트를 적용받을 것이란 루머가 기대를 모은다.
>
> - 2012.9.12. ZDNet Korea

'**아**는 만큼 보인다'는 말이 있습니다. 영어는 어떨까요? 당연히 아는 만큼 들립니다. 최근 국내 스마트폰 사용자가 3,000만 명을 넘어서고 있다는 뉴스가 있습니다. 그러나 전문적인 내용이 포함된 위의 뉴스를 제대로 이해하는 사람은 관련 업계 종사자가 아닌 이상 그렇게 많지 않을 것입니다.

영어를 듣고 이해한다는 것은 단지 소리인식의 차원에서 끝날 일이 아니라 발음과 더불어 이미 내용까지 잘 알고 있어야 한다는 뜻이기도 합니다. 전혀 관심도 없고 알지 못하는 내용은 아무리 집중해 들어도 이해할 수 없습니다. 청취가 잘 안 되는 사람은 평소 자신이 관심을 가지고 있고 잘 알고 있는 내용을 선택해 청취연습을 하는 것이 좋습니다.

한국에서 우수한 토플 성적으로 유학을 떠난 학생이 현지 대학에서 교수의 강의를 들을 때 잘 이해를 못하는 사례도 많습니다. 이런 경우 영어의 음운현상을 공부하는 것보다 오히려 강의를 듣기 전에 한국어로 된 전공 교재를 여러 번 읽어서 배경지식을 쌓아 놓는 것이 청취에 더 도움이 됩니다.

어느 정도의 배경지식을 갖추고 있으면 키워드만 듣고도 내용을 유추하면서 이해할 수 있습니다. 영어 소설을 많이 읽은 사람은 스토리텔링의 청취가 쉬울 것이고 영자신문을 통해 뉴스를 많이 접한 사람은 뉴스가 쉽게 이해될 것입니다.

진정한 영어 청취를 위해서는 매일 5분씩이라도 영어 소리를 듣는 훈련과 동시에 유사한 영문을 함께 읽으면서 익히는 것이 좋습니다. 눈으로 읽는 영문을 소리 내어 읽으면서 발음과 청취를 동시에 다루면 최고의 훈련이 됩니다.

03
영어를 듣기 위한 방법

뇌에 모국어가 완벽히 정착되지 않은 어린 아이에게 영어의 소리를 입력하면 자연스럽게 한국어와 영어의 소리 감각을 동시에 갖추게 됩니다. 그러나 모국어가 이미 완성된 성인은 영어의 소리를 어린이와는 다른 뇌의 부위에서 처리합니다. 즉, 습득되는 과정이 전혀 다른 것입니다.

아이들과 달리 성인은 보다 적극적인 발성연습을 통한 인풋으로 청취훈련을

해야 제대로 된 소리감각을 갖출 수 있습니다. 자신의
귀가 울릴 정도로 큰소리로 읽으면 다른 사람이 말하
는 것을 귀로 듣는 것처럼 본인의 뇌에 저장됩니다.
소리 내어 읽으면서 원어민이 사용하는 발음과 박자

에 가까워질수록 더 잘 들립니다. 이것을 '공명현상(Resonance)'이라고 합니다. 공명현상이란 자연계에서 같은 주파수끼리 통하거나 반응하는 물리적 현상입니다. 내가 가진 소리와 상대방이 내는 소리의 주파수가 비슷하면 잘 들립니다. 성대모사를 잘하는 개그맨은 흉내 내는 대상과 소리의 주파수가 비슷한 것입니다.

'청취훈련은 입으로 해야 한다.'라는 말은 대단히 중요합니다. 이렇게 영어의 소리를 제대로 낼 줄 알아야 한국어 소리의 간섭 없이 빠르게 영어 청취의 기반을 다질 수 있습니다. 일반적인 기억은 대뇌에 저장되지만 영어와 같이 입술 근육을 사용하는 기억은 소뇌에 저장이 된다고 합니다. 나이에 따라 영어의 소리를 뇌에 저장하기 위해서는 아래와 같이 반복의 횟수에 많은 차이를 두어야 합니다.

- 생후 ~ 24개월: 언어잠복기
- 24개월 ~ 5세: 3회 반복으로 저장
- 5세 ~ 8세: 12회 반복으로 저장
- 8세 ~ 11세: 24회 반복으로 저장
- 11세 이상: 100회 이상 반복으로 저장

알파벳 개수는 26개인데 반해 소리의 개수는 44개라고 합니다. 영어는 알파벳으로 표현이 안 되는 소리가 그만큼 많다는 뜻입니다. 성인이 되어 영어를 배우는 사람들은 반드시 발음원리를 이해하고 숙지한 상태에서 발음교정훈련을 할 필요가 있습니다.

하지만 수백 명의 성인들을 대상으로 실험한 결과 생각보다 너무 어려워했습니다. 그래서 원인분석에 들어갔는데 이유는 간단했습니다. 한국어 발성 습관에 너무 익숙한 나머지 영어를 발음하기 위한 구강근육이 경직되어 있어서 영어다운 소리를 내는 데 어려움을 겪고 있었습니다. 그래서 영어뉴스와 미국드라마의 자막에 소리의 높낮이 변화를 눈으로도 쉽게 알아 볼 수 있도록 표기한 자료(Visual Sound)를 만들어 훈련했는데 결과는 대성공이었습니다.

소리식별력이 거의 제로에 가까운 성인들은 청각보다는 시각 의존도가 강하기 때문에 영어의 소리덩어리를 시각화하여 훈련하면 더 빨리 리듬 감각을 습득할 수 있습니다.

아래는 영화 〈아바타〉 주인공의 대사 중 일부입니다.

I be**came** a ma**rine** for the **hard**ship.
난 역경을 경험하려고 해병대에 들어갔습니다.

I **told** my**self** I can **pass** any **test** a **man** can **pass**.
난 인간이 통과할 수 있는 어떤 테스트도 통과할 수 있다고 스스로 다짐했습니다.

첫 번째 문장은 총 7개의 단어로 이루어진 문장이지만 원어민은 단지 두 번의 호흡으로 마치 두 단어를 읽듯이 빠르게 읽습니다. 강세를 받는 단어와 나머지 단어들이 연결되어 한 덩어리로 발음됩니다. 두 번째 문장도 12개의 단어로 된 문장이지만 총 3번 정도의 호흡으로 읽습니다.

이렇게 원어민이 사용하는 조음점과 리듬으로 큰소리로 따라 읽으면서 훈련하면 그동안 들리지 않았던 영어의 소리가 신기하게 점점 또렷이 들리기 시작합니다.

영어의 소리를 듣는다는 것은

1. 알파벳과 발음기호의 조음점 교정훈련
2. 강세에 따라 여러 단어를 뭉쳐서 읽는 리듬훈련
3. 영어식 음절 발성습관으로 교정훈련

이 세 가지를 숙달시키면 영어의 소리 듣기는 해결됩니다. 그러나 방법보다 훨씬 더 중요한 것은 지속적인 실천입니다. 또한, 초기 단계에서는 내용을 미리 파악하고 훈련하는 것이 효과적입니다. 왜냐하면 영어실력이 제대로 갖추어지지 않은 상태에서 집중훈련이 필요한 것은 소리식별능력과 어순감각이기 때문입니다. 모르는 내용으로 훈련하면 내용을 파악하는 데에 불필요한 에너지와 집중력을 빼앗기게 되므로 초보자에게 내용을 전혀 모르는 소리는 학습효과가 전혀 없는 소음일 뿐입니다. 머릿속에 영어의 소리 감각이 어느 정도 채워질 때까지는 내용을 미리 알고 있는 자료로 소리와 영어식 구조에 집중하여 훈련하는 것이 매우 중요합니다.

정리하기

- ▶ 원어민이 사용하는 조음점과 리듬 원리를 배워서 훈련하면 어떤 영어 소리도 한국어처럼 깨끗하게 들을 수 있습니다.
- ▶ 영어식 리듬훈련은 영어 원음 체득의 핵심입니다.

04
받아쓰기에 대한 오해

언젠가 받아쓰기가 영어청취의 만병통치약으로 통용되던 시절이 있었습니다. 영어를 배운다면 받아쓰기부터 해야 한다고 생각하는 사람들이 아직도 주위에 있습니다.

한국어의 경우에도 받아쓰기는 듣고 말하기가 어느 정도 익숙해진 이후 초등학교에 입학하고 나서야 합니다. 기껏해야 '맘마! 으빠!' 정도나 말하는 아기들에게 받아쓰기부터 시키지는 않습니다. 언어를 배우는 초기에는 오히려 받아쓰기보다 '흉내 내기(Imitation)'가 더 필요합니다. 받아쓰기는 이미 소리에 익숙해져 말을 잘하는 아이들이 소리를 철자로 바꾸어 표현하는 훈련일 뿐입니다. 받아쓰기를 한다고 해서 듣기나 말하는 실력 자체가 향상되는 것은 아닙니다. 그런데 그동안 한국의 영어교육은 받아쓰기가 영어실력을 향상시키는 데 엄청난 역할을 하는 것처럼 잘못 알려져 왔습니다. 따라서 초보자는 받아쓰기부터 시작하면 안 됩니다.

초기 약 6개월 정도는 소리 적응기로 삼고 오히려 흉내 내기(Imitation) 훈련을 통해 자막과 소리를 동시에 접하면서 영어의 소리에 적응력을 기르는 것이 좋습니다. 이 시기에 발음기호, 영어의 자음과 모음을 발음하는 방법을 배워두면 시간단축 및 훈련 효과 증대에 대단히 도움이 됩니다.

약 6개월 정도 발성법을 익힌 후 받아쓰기를 병행합니다. 그때부터는 자신이 잘 못 듣는 소리를 찾아내어 집중적인 발음교정으로 보완해야 합니다.

받아쓰기의 목적은 소리영어와 글자영어의 차이를 제대로 인지하기 위한 것입니다. 지금까지 대부분 눈으로만 영어를 접한 성인들은 소리에 대한 입력이 부족하기 때문에 소리식별 단계인 받아쓰기부터 어려움을 겪습니다. 그러나 전혀 염려할 필요는 없습니다. 받아쓰기는 몇 개월 훈련만으로 충분하기 때문입니다.

받아쓰기를 할 때 반드시 지켜야 할 사항은,

첫째, 반드시 대본이 있는 자료를 선택합니다. 받아쓰기 종료 후 자신이 받아 적은 것을 확인할 수 있도록 대본이 있는 것이어야 합니다.

둘째, 한 번에 여러 단어를 받아쓰도록 노력해야 합니다. 한 번에 한 단어씩 받아쓰기만 계속하면, 나중에 의미단위별로 연결해서 문장을 들을 때 잘 들리지 않는 현상이 생깁니다. 초기에는 어쩔 수 없더라도 점차 한 번에 듣고 받아 적는 양을 늘리기 위해 노력해야 합니다. 그래야 점차 기억용량이 커져서 한 번에 들을 수 있는 단어의 개수가 늘어나 영어의 이해속도가 빨라집니다.

셋째, 자료는 한국인 학습자의 수준을 고려하여 스튜디오에서 녹음한 소리가 아닌 현지에서 사용되는 생생한 원음을 선택해야 합니다. 실제 원어민이 사용하는 소리와 속도에 대한 감각을 길러 나가야 합니다.

넷째, 큰소리로 읽는 연습을 해야 합니다. 받아쓰기를 마치고 자신의 약점이 파악되면 큰소리로 읽어서 뇌에 저장하고 반복훈련을 통해 기억을 강화시켜야 합니다.

받아쓰기를 시작하는 시점과 그만둘 시점을 잘 판단하는 것도 중요합니다. 약 70% 이상 받아 적을 수 있는 정도의 실력이 되면 받아쓰기를 과감히 그만두어야 합니다. 왜냐하면 그때부터는 단어를 알아들어도 내용이 이해가 되지 않는 현상이 나타나기 때문입니다.

결론부터 말씀드리면 속도를 못 따라가기 때문인데, 모든 단어를 듣고 이해하는 것이 아니라 핵심 키워드를 듣고 내용을 유추(Guessing)하는 방식으로 이해해야 합니다. 즉, 10개 이상의 단어로 이루어진 한 문장을 3~4개의 덩어리로 듣는 훈련을 해야 합니다. 소리덩어리(Sound Group) 단위로 듣는 것입니다. 그래야 원어민이 말하는 속도에 맞추어 이해할 수 있습니다.

05
자막을 봐야 하는가?

01 리딩이 안 되면 청취도 안 된다

초보자들은 보통 청취력 향상을 위해서 청력에만 의존하려는 경향이 있습니다. 그러나 읽어서 이해하지 못하는 문장은 절대로 들어서 이해할 수 없습니다. 청취가 안 되는 원인의 상당부분은 리딩이 제대로 되지 않기 때문입니다. 읽을 때 가장 중요한 것은 이해속도입니다. 영어를 모국어로 하지 않는 사람들이 영어로 말하는 것을 듣고 이해하기 위해서는 '읽으며 이해하는 속도'가 '말하는 속도'를 능가하지 않으면 안 됩니다.

원어민이 말하는 속도를 측정해 보면,

일상대화: 150~200단어/분
방송뉴스: 160~170단어/분
미국영화: 150~200단어/분

이렇게 1분에 150단어~200단어 정도의 속도로 말을 하기 때문에, 최소 1분에 200단어 정도의 리딩 속도는 되어야 청취가 가능하다는 얘기가 됩니다. 그런데 리딩의 경우에는 눈으로 글자를 식별하는 데 큰 어려움이 없지만, 청취의 경우에는 사람마다 억양도 다를 뿐 아니라 빠른 속도로 말할 때 생기는 여러 가지 발음현상 때문에 무슨 단어를 말하고 있는지 알아듣기 힘든 경우 등 변수가 많습니다. 따라서 여유 있게 청취를 하려면 최소한 200단어/분 정도의 리딩 속도와 80% 정도의 내용을 이해할 수 있는 배경지식을 갖추어야 합니다.

청취훈련을 할 때 자막을 봐야 하는지 보지 말아야 하는지에 대한 고민의 해결책은 간단합니다. 받아쓰기할 때는 자신의 약점을 파악하는 단계이므로 절대로 자막을 보아서는 안 됩니다. 반면, 받아쓰기를 끝낸 이후부터는 기회가 될 때마다 자막을 최대한 많이 봐주어야 합니다. 이때부터는 자막을 보는 것이 이해속도를 끌어올리는 역할을 하기 때문입니다.

받아쓰기를 끝내고 자신이 틀린 부분을 원어민의 소리와 비교하며 반복해 따라 읽으면서 원어민의 발음과 리듬으로 하나씩 교정해 나갑니다. 눈으로 보고 이해가 되지 않는 문장은 들을 때에도 당연히 이해가 되지 않기 때문에 영어식 표현, 구조, 어휘 등을 미리 알고 있어야 하고 원어민의 발음 식별력도 동시에 갖추어야 제대로 된 영어청취가 가능합니다.

영어 단어가 모두 들리면 내용이 저절로 이해될 것만 같은 착각에서 벗어나야 합니다. 들으면 곧바로 이해될 정도로 어휘나 관련 표현을 익혀나가야 합니다.

정리하면, 듣고 이해하기 위해서는 최소한 자신이 듣고 있는 자료를 읽으면서 바로 이해할 수 있어야 합니다. 청취란 단지 글자로 된 영어를 소리로 바꾸어 이해하는 것에 불과하기 때문입니다. 따라서 영어청취 능력 향상을 위해서는 소리 감각과 더불어 머릿속에 많은 내용을 채워 넣어야 합니다. 한국어 지식이 부족한 사람은 영어도 잘하기 어렵습니다. 만약 귀를 뚫겠다고 계속 듣기만 한다면 나중에 혹독한 대가를 치르게 됩니다. 듣기와 독해, 이 두 가지를 동시에 해결할 수 있는 방법은 아래와 같습니다.

일단 받아쓰기가 끝난 자료를 원어민의 발음과 비교하며 큰소리로 읽으며 발음 및 리듬 교정훈련을 합니다. 따라 읽기 훈련이 끝나면 자막을 처음부터 끝까지 2~3회 정도 쭉쭉 읽으면서 빠르게 내용을 이해하는 단계를 추가해 주면 됩니다. 읽고 나서 어렵거나 생소한 표현은 그때마다 간단히 정리해서 알아 두면 됩니다.

눈으로 보고 이해가 되는 내용만이 듣고서도 이해가 되는 것입니다. 최소한 원어민이 말하는 속도보다 빠른 속도로 읽어서 이해해야 합니다. 귀가 어느 정도 뚫린 사람에게는 청취보다 리딩 능력이 더 중요해집니다.

정리하기

▶ 초보자는 받아쓰기부터 시작하면 안 됩니다.
▶ 영어의 소리 적응기간을 거친 후 받아쓰기를 시작해도 늦지 않습니다.
▶ 원어민이 말하는 속도로 리딩이 안 되면 청취도 안 됩니다.
▶ 눈으로 보고 이해되지 않는 내용은 들어도 이해되지 않습니다.

06
언어는 이미지로 이해한다

우리는 어려서 모국어를 배울 때

1. 한국어의 소리
2. 주변 상황 (내용)

이라는 두 가지 조건을 늘 갖춘 상태에서 습득했습니다. 즉, 적어도 5살까지는 단어나 문장을 글로 배우지 않고 소리와 상황만으로 터득했다는 것이죠. 이 점이 매우 중요합니다. 나이가 들어서 영어를 배우는 성인, 그것도 외국이 아닌 한국에서 영어를 배우는 사람은 영어의 소리는 접할 수 있지만 소리와 맞는 상황에 노출되기가 대단히 어렵습니다. 다시 말하면 상황은 그 자체가 내용이며 형태는 이미지나 동영상으로 되어 있습니다. 특정 상황에서 어떤 소리가 들리면 내용은 그림이나 동영상의 형태로 전개되는 것입니다. 우리가 외국어를 배우기 위해 어학연수를 떠나는 것도 한국에서는 접하지 못하는 상황을 찾아 나서는 것에 불과합니다. 그렇게 우리는 부지불식간에 모국어를 소리와 이미지의 형태로 습득해 왔습니다. 글을 잘 모르는 취학 전 아이에게 그림 동화책을 읽어주는 것도 내용을 이미지로 이해하도록 유도하는 과정입니다.

여러분 중 모국어인 한국어를 들을 때 글로 적어서 이해하는 분이 계십니까? 우리는 대부분 자신의 비슷한 과거 경험을 기반으로 머릿속에 상상하면서 이미지화해서 이해합니다. 그런데 영어는 왜 문자, 그것도 한글로 변환해서 이해하려고 하는 것일까요? 당연히 그동안 영어를 문자 위주로 공부해 왔고 그나마 배운 표현도 상황 속에서 익힌 적 없이 해설집 같은 것으로 공부했기 때문입니다. 상황이 그려지지 않으니 실제상황이 되어도 자신감이 부족해 알고 있는 표현조차도 입 밖으로 쉽게 나오지 않습니다. 또한, 단어를 익힐 때도 그림이나 사진이 아닌 영한사전 등을 통해 문자로 익혀왔기 때문에 영어 단어를 들으면 그 단어의 이미지가 떠오르는 것이 아니라 얼토당토않은 한국어 뜻만 머릿속에 맴도는 것입니다.

외국어를 배우는 조건은 여러 가지 면에서 모국어와 다르지만 이해하는 방식은 모국어의 습득방식과 다르지 않습니다. 이제부터는 모르는 단어를 찾을 때 구글에서 이미지로 검색하고, 영어뉴스를 들을 때도 아나운서 목소리만 들리는 음성 뉴스보다는 이미지로 내용을 예측할 수 있는 동영상 뉴스를 보고, 미국드라마나 영화를 보더라도 눈에 보이는 상황 속에서 영어 대사를 익히는 방법으로 바꾸어야 합니다.

이미지 리딩은 해석을 하지 않고 직독직해를 가능하도록 도와주는 아주 강력한 방법입니다. 영어로 된 글을 읽는 즉시 그 상황을 한 폭의 그림으로 그려낼 수 있는 사람만이 직독직해가 된다고 말할 수 있습니다. 한글 번역습관을 이미지 리딩으로 충분히 교정할 수 있습니다. 그러면 어떻게 해야 내용을 그림으로 그려내는 이미지 리딩을 할 수 있을까요? 아래 영어고수들의 글을 잠시 살펴보겠습니다.

01 언어의 기본, 연상 작용

> "영어! 출발점을 한국어로 잡으면 첫 번째 열쇠가 보인다!"
>
> 물론 한국어에서 영어로 번역을 하라는 뜻이 아니다. 우리가 말을 할 때나 들을 때 머릿속에서 그 말에 대한 구체적인 단어나 문장이 지나가지는 않는다. 이때 우리의 두뇌 속에서 일어나고 있는 것은 바로 '연상 작용(association process)'이다. 쉽게 말해 한국어든 영어든 언어의 사고처리 과정의 핵심은 바로 '그림 연상 작용'이라는 것이다. 그래서 소설을 읽고 난 후, 영화를 보고 난 후, 여행을 갔다 온 후 그것에 대해 말하려 할 때 우리는 머릿속에 저장되어 있는 그림이나 연상 정보를 찾게 된다.
>
> 모든 단어에는 이미지가 있다. 영어를 못하는 이유는 그 단어의 뜻과 스펠링을 생각하기 때문이다. 단어를 들었을 때 이미지를 떠올려야 한다.
>
> – 영어교육전문가/ KBS 굿모닝팝스 진행자, 이근철

02 이미지 메이킹 학습법

이미지 메이킹이란 뇌 속에 이미 어떤 언어 체계가 자리 잡은 사람이 외국어를 공부할 때, 모국어에 의한 1차적인 판단이나 해석의 개입을 차단하기 위해 모국어 대신 그림과 동영상을 이용해 외국어를 학습하는 방법이다.

외국어를 잘하는 대부분의 사람들이 바로 이러한 이미지 메이킹 학습법을 이용했다고 보면 된다. 그러나 사실 이미지 메이킹 학습법은 전혀 새로운 개념의 학습법이 아니다. 이것은 유아 교육에서 광범위하게 적용되고 있는 방식으로 특히 언어 학습에  널리 사용되고 있다. 즉, 어떤 문장이나 단어를 그림과 동영상으로 보여줌으로써 그것의 명확한 의미와 뉘앙스를 이미지로 머리에 각인시키는 학습 방법이다.

이렇게 말하면 굉장히 거창해 보이지만 사실은 전혀 그렇지 않다. 쉽게 말하면 우리의 모국어인 한글은 전혀 사용하지 않고, 오로지 영어와 그림만으로 영어를 학습하는 것을 말한다. 이 방법은 영어뿐만 아니라 다른 외국어를 학습할 때도 굉장히 유용한 방식이며, 어쩌면 외국어를 학습하는 최선의 방법이라고 할 수 있다.

나의 미국인 친구 Jones는 한국어를 굉장히 잘한다. 배우기가 무지하게 어렵다는 한국어를 어떻게 공부했기에 그렇게 잘하냐고 물으니, 그 친구도 한국어를 공부할 때 이미지 메이킹 학습법을 사용했다고 한다. 즉, 한국어를 공부할 때는 한국어로만 생각하고, 문장이나 단어는 영어로 해석해 놓은 것을 암기한 것이 아니라 머릿속에 떠오르는 이미지와 매치시켜 각인시켰다는 것이다. 자신의 모국어인 영어를 배제하고 공부하는 것이 처음에는 어려웠지만, 한번 익숙해지고 나니 빠른 속도로 실력이 늘었고, 지금은 한국어에 굉장히 자신 있다고 한다.

— 이미지메이킹 잉글리시, 김명기

이제부터는 이미지 리딩을 위해 다음과 같이 학습 방법을 바꾸어 보세요. 어휘를 익힐 때는 영어사전을 펼치기 전에 인터넷에서 이미지를 검색하고, 영어뉴스를 들을 때는 내용을 유추할 수 있는 동영상 뉴스를 보고, 영화나 드라마를 활용할 때는 미리 동영상으로 내용을 이해한 후 이미지를 연상하면서 영어자막을 익히는 방식으로 바꾸어 나가면 됩니다.

청취를 할 때나 리딩을 할 때 이미지로 그릴 수 있는 능력이 영어를 한국어로 번역하지 않고 이해할 수 있는 능력을 결정짓는다고 해도 과언이 아닙니다. 한글 해설집을 버리고 이제부터는 이미지로 뇌에 저장하고 이해하는 훈련을 해보세요.

정리하기

▶ 한글 번역본을 보지 말고 상황(내용)을 연상하는 습관을 길러야 합니다.
▶ 동영상으로 만들어진 자료를 활용하면 자연스럽게 효과는 배가 됩니다.

07
3배속 직독직해 훈련법

01 '청크'의 비밀

'영어는 한국어와 달리 중요한 몇 개의 단어만 듣고도 내용을 짐작(guessing)하여 이해할 수 있다.'

위와 같은 말을 여러 군데에서 들어 본 적이 있을 것입니다. 초보자들이 중도에 포기할까봐 위로하기 위해서 건네는 말이라고 생각할지도 모릅니다. 그러나 사실이므로 안심하고 믿어도 됩니다.

청취를 잘하려면 우선 영어를 이해하는 속도가 말하는 속도보다 빨라야 합니다. 그렇게 하기 위해서는 영어만 보면 요리조리 따지고 보는 습관을 버리고, 영어의 어순대로 과감하고 속도감 있게 읽어 나가는 훈련이 필요합니다.

그런데 영어 문장을 읽어 내려갈 때 그 속도는 한 번에 이해하는 단위의 크기가 클수록 빠릅니다. 마치 밥을 먹을 때 젓가락으로 밥알을 하나씩 집어 먹는 것보다 숟가락으로 퍼 먹으면 짧은 시간에 훨씬 더 많은 양을 먹을 수 있는 것과 비슷합니다. 예를 들어 다음과 같은 숫자를 기억한다고 가정하면,

124397585247

이것을 그냥 숫자로 기억하려면 12개의 숫자를 순서대로 한 개씩 전부 다 기억해야 하고 외우기도 어렵지만 124/397/585/247과 같이 4개의 단위로 나누면 기억하기가 한결 수월해집니다.

인지심리학에 의하면 인간의 뇌는 보통 일곱 단위를 넘어가면 기억하는 데 어려움을 느끼게 된다고 합니다. 전화번호를 외울 때에도 숫자가 7개를 넘어서면 외우기가 부담스러워 받아 적어야 하는 것도 바로 이런 이유 때문입니다.

이렇게 여러 개의 숫자나 단어를 1개의 단위로 취급하는 개념을 '청크(Chunk)' 또는 더 쉬운 표현으로는 '덩어리'라고 부릅니다. 또, 이렇게 덩어리 단위로 이해하는 것을 '청킹(Chunking)'이라고 합니다.

1초에 단어 1개씩 청킹하면 1분에 60단어를 처리하는 속도밖에 되지 않지만 3단어씩 하면 180단어, 4단어씩 하면 240단어를 처리할 수 있습니다. 동시통역사들이 들으면서 동시에 다른 언어로 바꿔 말할 수 있는 것은 10여 단어가 넘는 긴 문장을 한 덩어리로 묶어서 빠르게 이해하기 때문입니다. 미국의 대통령 존 F. 케네디는 1분에 1,200단어를 읽고 이해할 수 있는 스피드 리더였다고 합니다.

빌 게이츠와 워렌 버핏이 네브라스카 대학에서 대학생들과 나눈 대담에서 빌 게이츠는 한 경영학부 대학생으로부터 이런 질문을 받았습니다. "자신에게 한 가지 초능력이 주어진다면 어떤 것을 원하십니까?"라는 질문에 "책을 빨리 읽을 수 있는 능력"이라고 대답했습니다. 책을 빨리 읽을 수 있는 능력은 이렇게

대단한 것입니다. 영어를 빨리 읽을 수 있는 법은 '청크' 단위로 읽는 것이고 이것은 영어뿐 아니라 지식사회에서 현대인이 갖추어야 할 소양이기도 합니다.

그러나 한국인에게는 영어를 빠른 속도로 읽는 것을 방해하는 나쁜 습관이 있습니다.

> 첫째, 문장을 읽어 나갈 때 앞에 읽었던 부분을 다시 읽는 습관
> 둘째, 여러 가지 문법구조를 만날 때마다 따지느라 시간을 끄는 습관
> 셋째, 읽으면서 동시에 이해하지 않고 다 읽은 다음에 우리말로 번역하여 이해하는 습관
> 넷째, 생소한 단어가 나오거나 이해가 잘 안 되는 부분이 있으면 오래 들여다보는 습관

이 같은 과거의 나쁜 습관을 고쳐 나가야 이해 속도를 높일 수 있습니다. 영어가 나오는 순서대로 읽고 번역하지 않고 바로 이해할 수 있으면 원어민이 말하는 속도를 따라잡을 수 있습니다. 반드시 따라잡아야 합니다. 번역은 외국어로 된 지식을 모국어로 습득하기 위해 번역가들이 하는 전문적인 행위입니다. 우리는 단지 내용만 이해하면 됩니다. 한글의 간섭 없이 영어를 영어로 받아들이고 이해하게 되면 그 속도는 상상을 초월할 정도로 빨라집니다. 다시 강조하지만 영어의 어순대로 의미를 받아들이는 습관을 들여야 합니다.

영어를 영어로 받아들이기 위해서 어떻게 해야 할까요? 이제부터는 영어 학습을 할 때 영어만 사용하세요. 사전을 이용할 때는 영한사전이 아닌 영영사전을 보고, 인터넷으로 검색할 때도 영문판 구글에서 하고 한글 번역본은 일체 보지 말아야 합니다.

토익 시험에서도 예문 속에서 익히지 않고 한글과 일대일로 대입하여 암기한 단어는 실제시험에서 시간만 지체시킬 뿐 별로 도움이 되지 않습니다. 실제 영어문장 속에서 익힌 어휘감각을 갖추어야만 시간을 단축할 수 있고 고득점도 얻을 수 있습니다. 시험지에는 온통 영어뿐입니다. 우리는 되도록 영어만을 보아야 합니다. 처음에는 답답하겠지만 오히려 기뻐해야 됩니다. 답답하다는 것은 영어식 감각이 쑥쑥 자라나고 있다는 증거이기 때문입니다.

수년 동안 유학생활을 하거나 외국생활을 오래한 사람의 공통점은 주변에 한국어가 없기 때문에 처음에는 답답함을 느꼈지만 시간이 지나면서 받아들였다는 것입니다. 그렇기 때문에 단기간에 우리말과 다른 영어의 소리와 어순에 빨리 적응할 수 있었던 것입니다.

해병대 훈련과정에서는 수영을 못하는 사람을 물에 빠뜨려 단기간에 수영실력을 만들어 낸다고 합니다. 우리도 두려움을 버리고 과감하게 영어의 바다에 '풍덩' 빠져야 합니다.

하루 한 시간씩 자신만의 어학연수를 떠나세요. 그 시간 동안만큼은 한국어를 완전히 배제하세요. 처음에는 더디지만 시간이 지날수록 적응력은 점차 가속도가 붙습니다. 다시 강조하지만 답답할수록 영어가 더 빨리 늘고 있는 겁니다.

소리와 영어식 구조가 숙달되면 내용은 자연스럽게 이해가 됩니다. 외국에서 오랫동안 거주한 이민자의 경우 영어를 그다지 불편하지 않게 우리말처럼 이해하고 구사할 수 있습니다. 영어식 구조가 체화된 것입니다. 그들은 절대로 한글로로 번역해서 이해하지 않습니다.

결국, 우리에게 필요한 것은 영어를 그대로 이해하는 것이지 한국어 어순으로 바꾸어 번역을 하는 능력이 아닙니다. 빨리 번역을 하는 어려운 작업은 전문 번역가들에게 맡겨 두세요. 우리는 단지 영어를 보고, 듣고, 내용을 이해만 하면 됩니다.

08
큰소리로 따라 읽어라

'**청**각구두 교수법'이라고 불리는 ASTP(Army Specialized Training Program)는 미국이 제2차 세계대전에 참전하면서 언어학자들을 동원해 개발한 강도 높은 훈련 프로그램입니다. 하루에 열 시간씩 일주일에 6일 동안 훈련시켜 단기간에 통역병을 양성했다고 합니다. 3~4개월 후에는 기본적인 의사소통이 가능하게 되었다고 합니다.

큰소리로 따라 읽으면 영어의 네 가지 영역이 자연스럽게 훈련이 되므로 따로 암기하려고 애쓰지 않아도 됩니다. 또한, 한국인이 그토록 미련을 두는 문법 감각도 동시에 터득할 수 있습니다.

한국어 번역습관의 가장 큰 문제점은 이해속도의 저하라고 말씀드렸습니다. 절대로 한국어로 번역해서 이해하려고 생각하면 안 됩니다. 1분에 200단어의 이해속도까지 만들어야 합니다. 다행히도 영어를 한글로 번역하는 습관을 무력화시키는 매우 효과적이고도 강력한 방법이 있습니다. 그것은 뇌가 울릴 정도로 큰소리로 영어문장을 따라 읽는 것입니다.

소리가 클수록 우리의 뇌에서는 번역과 이해라는 두 가지 작업을 동시에 실행하기 어려워집니다. 뇌 과학 이론에 따르면 인간의 뇌는 '멀티태스킹'에 부적합하다고 합니다. 따라서 두 가지 일을 원활하게 처리하지 못하며 사람의 뇌는 처음부터 한 가지 일에만 집중하도록 설계된 것입니다.

제가 약 1년 동안 매일 한 시간씩 큰소리로 따라 읽으며 훈련한 결과 놀랍게도 영어를 보거나 들을 때 한글로 번역하는 습관이 눈에 띄게 사라졌습니다. 즉, 영어를 들을 때 한국어로 번역하지 않고 바로 내용으로 받아들이는 영어식 감각이 생겨난 것입니다.

매일 1~2분짜리 영어뉴스를 하루에 최소 10~20번씩 큰소리로 따라 읽으세요. 머지않아 자신도 예상치 못한 놀라운 경험을 하게 될 것입니다. 한 가지 주의할 점은 조용한 스튜디오에서 녹음된 소리가 아닌 반드시 실제 원음을 활용해야 원어민 발음에 빨리 익숙해진다는 점입니다. 현지 원어민 뉴스를 구해서 따라 읽으세요. 이것은 수많은 영어 고수들을 통해 이미 검증된 방법입니다.

정리하기
- ▶ 한글로 번역하는 습관을 고치는 가장 좋은 방법은 '큰소리로 따라 읽기'입니다.
- ▶ '큰소리로 따라 읽기'는 구강근육을 단련시켜 발음, 청취, 스피킹, 어휘까지 해결되므로 일석사조의 훈련방법입니다.

09
하루 한 시간이면 충분하다

16년에 걸쳐 사람의 기억에 대해 연구한 독일의 심리학자 에빙하우스에 따르면 학습 10분 후부터 망각이 시작되며 1시간 뒤에는 50%, 하루 뒤에는 70%, 한 달 뒤에는 80%를 망각하게 된다고 합니다. 에빙하우스는 어떻게 하면 기억이 더 오래가는지에 관해 실험도 했는데 그 핵심은 바로 복습이었습니다.

일반적으로 한 번 공부한 것을 10분 뒤에 다시 익히면 하루 동안 지속됐고, 하루 뒤 그 내용을 다시 공부하면 1주일간 잊어버리지 않습니다. 다시 1주일 뒤 복습하면 한 달을 기억하고 또 한 달 뒤에 복습하면 6개월간 내용이 기억된다고 합니다.

> 『기억의 원리: 에빙하우스의 4회 주기 복습』
>
> 에빙하우스는 여러 실험으로 반복하는 것의 효과, 즉 같은 횟수라면 "한 번 종합하여 반복하는 것"보다 "일정시간의 범위에 분산 반복"하는 편이 훨씬 더 기억에 효과적이라는 것을 발견했다.

'공부를 못하는 주된 이유는 배우기만 하기 때문'이라는 말이 있습니다. 배운 내용을 복습하지 않기 때문에 결과적으로 아무리 배워도 머리에 남는 게 없다는 결론이죠. 배웠다면 효율적으로 복습하고 복습을 통해 자신의 단기기억을 장기기억으로 만들 수 있습니다. 대신에 과학적인 4회 복습(학습 직후, 하루 후, 일주일 후, 한 달 후)을 반드시 실천하는 것이 좋습니다.

현명한 사람은 자신이 필요한 만큼 공부할 줄 알고 있습니다. 자신이 하루 한 시간의 시간을 낼 수 있다면 한 시간 동안 훈련한 내용을 전부 기억에 남길 수 있도록 관리하는 것이 현명합니다.

소리내어 따라 읽는 훈련을 한 뒤 훈련한 자료는 MP3로 변환하여 일주일 이상 반복적으로 들으세요. 이때 중요한 것은 이것저것 듣지 말고 반드시 훈련한 내용의 자료만 듣는 것입니다. 이미 학습한 소리나 문장이 반복을 통한 강화 및 각인효과로 인해 6개월 이상 지속되는 장기기억으로 전환되게 만들 수 있습니다.

처음에는 1분짜리 뉴스 한 개로 일주일 이상 듣고 점차 숙달이 될수록 개수를 조금씩 늘려 나갑니다. 이렇게 훈련하고 훈련한 자료를 반복해 들으면 자신이 학습한 내용의 소리와 문장구조가 점차 대뇌의 표면에서 안쪽으로 저장됩니다.

인지 심리학자들은 이렇듯 끊임없는 반복에 의한 강화(reinforcement)를 망각에 대한 대책으로 말합니다. 한 달에 4회 복습 따위는 필요 없습니다. 자신이 하루에 할애할 수 있는 시간만큼 학습하고 학습한 내용을 기억할 수 있도록 자투리 시간을 통해 관리하는 것이 가장 현명한 학습법입니다. 복습은 하지 않고 매일 새로운 내용을 주입하는 것은 심리적인 위안만 얻는 것일 뿐 결과적으로 머릿속에 아무것도 남지 않습니다.

여기서 중요한 사실은 복습시간은 최초 학습시간과는 크게 상관이 없다는 것입니다. 즉, 50분을 학습했더라도 이후에는 단 3~5분 복습으로 기억을 되살릴 수 있다는 뜻입니다.

이제부터 하루 한 시간만 투자하세요. 출퇴근 시간, 자투리 시간에는 반드시 MP3 파일을 들으면서 말이죠. 별도로 시간을 내서 청취를 한다거나 사무실이나 책상 앞에 앉아서 할 생각 따위는 아예 버리는 것이 좋습니다. 영어 고수들은 청취를 움직이면서 해결한 사람들이 많다는 사실을 기억하세요. 매일 길바닥에 버려지는 시간을 여러분의 것으로 만드시기 바랍니다.

[에빙하우스의 망각곡선]

정리하기

▶ 하루 두세 시간씩 학습하고 다음날 모두 잊어먹는 방법은 이제 버리세요.

▶ 하루 한 시간 투자하고 자투리 시간으로 반복습관을 기르면 적은 시간으로 남들보다 적어도 세 배 이상 잘할 수 있습니다.

CHAPTER 08
실전 훈련법

01
발음교정 훈련법

발음은 성대, 입, 혀, 입술 등을 종합적으로 움직여서 소리를 내는 근육운동입니다. 따라서 발음연습은 운동과 흡사합니다. 먼저 정확한 동작을 배운 다음 그것이 완전히 자동적으로 체득될 때까지 반복훈련을 하기만 하면 누구나 정확한 발음을 구사할 수 있습니다.

발음이 나쁜 사람이 있다면 그것은 게을러서 연습에 소홀했기 때문입니다. 한국인이 원어민의 발음을 듣기 어려운 이유는 귀에 들려오는 영어의 소리가 자신이 구사하는 소리와 차이가 많이 나기 때문입니다.

기본적으로 영어의 발음기호는 한국어를 발음할 때 사용하는 구강근육과 다른 부위를 사용해서 발음합니다. 어린 아이의 경우에는 별도로 발성훈련을 하지 않아도 일정량 이상 노출이 되면 영어의 발음이 자연스럽게 습득되는데 모국어가 완성단계에 있는 성인의 경우는 그렇지 않기 때문에 어려움을 겪습니다. 따라서 성인의 경우에는 발성법을 배우면서 꾸준히 훈련을 해야만 한국식 소리를 점차 영어답게 만들 수 있고 귀도 열리게 됩니다.

마술사에게 마술의 원리를 배웠다고 해서 마술을 터득한 것은 아닙니다. 발음의 원리를 이해한 것만으로는 원어민의 소리를 들을 수 없습니다. 강도 높은 훈련과정을 거쳐 임계량에 도달하면 그때부터는 듣기 위해 특별히 노력하지 않아도 됩니다. 준비가 되면 자연스럽게 들리는 것입니다. 또한, 앞에서 강조한 강세(Stress)와 리듬(Rhythm)에 많은 관심을 기울여야 합니다. 원어민의 입에서 나오는 소리는 사전에 표기된 표준발음과 여러모로 다르게 들리기 때문입니다. 어떤 면에서는 발음보다 강세(Stress)가 더 중요하다고 말할 수 있습니다. 원어민이 동남 아시아인의 이상한 발음은 잘 알아듣지만 한국인의 강세가 없는 발음은 잘 못 알아듣는 이유도 그것 때문입니다.

20세가 넘은 성인은 구강근육이 모국어만을 사용하기 편리하도록 발달되었고 자연스러운 영어발음을 구사하기가 쉽지 않습니다. 때문에 별도의 발성훈련이 필요하고 본격적인 훈련에 앞서 발음교재 한 권 정도는 마스터하는 것이 유리합니다.

발음 책을 마스터한다는 것은 단지 발음규칙을 외운다는 뜻이 아닙니다. 발음기호와 원어민의 발성법, 소리변화의 특징 등 발음원리를 어느 정도 이해하고 시작하자는 의미입니다. 또, 주의할 점은 발음 책 한 권을 끝내고 나서 훈련을 시작하는 것도 아닙니다.

매일 두세 개씩 발음기호의 발성법을 익히면서 그날 학습할 내용의 훈련을 병행하는 것을 추천합니다. 발음교재는 되도록 원어민의 얼굴을 보며 입 모양이나 혀 위치 등을 눈으로 확인할 수 있는 동영상 자료가 담긴 것을 권합니다. 최근에는 인터넷이나 시중에서 그다지 어렵지 않게 구할 수 있습니다. 하루에 두세 개씩 훈련자료를 따라 읽으면서 그날 배운 발음원리대로 성대모사 하듯 흉내 냅니다. 그렇게 꾸준히 연습하여 약 6개월 정도면 거의 모든 발음의 발성법을 완벽하게 숙달시킬 수 있습니다.

처음에는 입과 혀가 자유자재로 움직이지 않아 답답함을 느낄 것입니다. 그러나 워밍업 단계에서는 반드시 겪어야 하는 자연스러운 과정이니 담담하게 받아들이는 게 좋습니다. 매일의 작은 노력이 쌓이면 조금씩 원어민의 발음과 리듬이 터득되어 갑니다. 하지만 벼락치기는 금물! 영어는 절대로 과식하면 안 됩니다.

정리하기

▶ 동영상이 포함된 발음 책 한 권 정도는 기본적으로 마스터하세요.
▶ 발음 규칙을 외워서는 안 됩니다. 발음 원리를 이해해야 합니다.

02
영어청취 훈련법

원어민이 일상생활에서 사용하는 실용어휘는 약 2~3,000개 정도라고 합니다. 앞서 영어의 소리를 뇌에 저장하기 위해서는 최소 100회 이상 발성을 해야 한다고 했습니다.

$$3,000 \times 100 = 300,000$$

3,000개의 일상 어휘를 듣기 위해서 30만 번 이상의 발성연습을 해야 영어를 영어처럼 들을 수 있는 조건을 갖추게 된다는 뜻입니다.

영어청취는 말하기 훈련과 매우 밀접한 관계가 있습니다. 왜냐하면 발성훈련을 통해 청취의 많은 부분이 해결되기 때문입니다. 저도 처음에는 귀를 뚫겠다고 매일 5시간씩 6개월 이상 무작정 들리지도 않는 테이프를 무식하게 반복 청취를 했던 경험이 있습니다. 그러나 무작정 많이 듣는다고 소음으로 들리던 소리가 어느 날 갑자기 의미 있는 소리로 바뀌는 것이 아니라는 것을 너무 오랜 시간 후 깨달았습니다.

어제의 소음은 오늘도 내일도 여전히 소음일 뿐입니다. 해결방법은 본인이 잘못 들은 부분을 찾아서 제대로 된 소리정보로 바꾸어 주는 것입니다. 발성법을 배워서 원어민이 사용하는 입 근육을 사용함과 동시에 리듬훈련을 통해 밋밋한 한국어식 소리를 영어다운 소리로 교정해 주어야 합니다. 그동안 한국어만 사용하느라 굳은 구강근육을 영어를 위해 사용하는 것입니다.

저는 지금 원어민의 발음을 별로 어렵지 않게 듣고 따라할 수 있습니다. 지난 몇 년간 꾸준한 훈련을 통해 퇴화된 구강근육을 의식적으로 계속 사용해 왔기 때문입니다. 물론 처음에는 잘되지 않습니다. 조금만 연습해도 혀가 꼬이고 입술에 경련이 일어나기도 합니다. 그러나 뭐든지 매일 하면 조금씩 개선됩니다. 단지 실행의 문제입니다. 영어를 못하는 이유는 조금 어렵다고 편한 비법만 찾으려는 게으름 때문입니다. 발음이 나쁜 이유도 역시 게으르기 때문입니다. 영어는 부지런한 사람이 잘하게 되어 있습니다. 매일 30분씩 틈나는 대로 발성훈련을 해보세요. 처음에는 발음이 신통치 않고 속도도 더뎌 답답하겠지만 시간이 지날수록 발음이 훨씬 세련되고 습득 속도도 빨라집니다.

제 경험을 말씀드리자면, 1분짜리 뉴스의 경우 처음에는 숙달이 되기까지 일주일 정도 걸리지만 6개월 정도 꾸준히 훈련하면 10~20분 정도까지 비약적으로 단축시킬 수 있습니다. 시간이 지나면서 숙달시간은 가속도가 붙어 점점 단축됩니다. 따라서 지금 시간이 오래 걸린다고 지레 겁먹거나 포기하면 절대 안 됩니다. 다른 사람이 한 일은 나도 할 수 있다고 생각하는 마음가짐이 중요합니다.

01 받아쓰기를 하라

영어를 처음 배우는 어린 아이들은 처음부터 '원어민의 소리'를 흡수할 수 있도록 환경을 잘 조성해 주면 됩니다. 그러나 학창시절에 영어를 엉터리로 배운 성인들은 글로 쓰인 것을 소리로 들을 때 식별을 잘 못하는 사람이 대다수이기 때문에 소리를 식별하는 훈련이 별도로 필요합니다.

소리를 식별하는 훈련의 가장 일반적인 방법이 '받아쓰기'입니다. 받아쓰기는 영어의 철자와 소리의 차이를 인지해 나가는 과정입니다. 영어가 안 들리는 이유는 원어민의 소리와 우리가 기대하는 소리의 차이가 크기 때문입니다. 따라서 원어민과 우리의 소리 차이를 줄여 나가면 해결됩니다.

받아쓰기 자료는 어떤 것도 상관없지만 표준발음을 접할 수 있는 영어뉴스를 추천합니다. 미국드라마나 영화 등의 구어체 자료는 청취보다는 주로 말하기 훈련 용도로 활용되므로 받아쓰기 자료로는 적합하지 않습니다. 내용은 본인의 수준보다 약 130% 정도 어려운 것이 좋습니다. 또한, 성우가 녹음실에서 녹음한 소리가 아닌 실제 원어민의 음성으로 된 영어뉴스 자료를 권합니다.

받아쓰기를 하면서 반드시 지켜야 할 것은 마지막 문장이 끝날 때까지는 절대로 자막을 보지 않는 것입니다. 청각만으로 영어와 한국어 소리의 차이를 구별하고 교정 작업을 해야 하는데 스크립트를 미리 보면 시각이 청각을 압도하여 안 들리는 단어의 소리가 마치 들리는 것처럼 착각하게 됩니다.

인간의 오감 중 시각이 뇌에 들어오는 정보의 70% 이상을 처리한다고 합니다. 따라서 눈으로 한 번만 봐도 여러 번 들었을 때 안 들렸던 단어가 갑자기 잘 들리는 착시현상을 경험할 수 있습니다. 청취훈련을 할 때는 시각에 의존하는 기존의 습관을 버려야 합니다. 스크립트는 받아쓰기 후 잘 못 들은 부분을 체크할 때 보아야 합니다. 받아쓰기를 끝내고 문장 따라 읽기 훈련까지 마친 후에는 오히려 스크립트를 많이 보아야 이해력 증진에 도움이 됩니다.

처음에는 적은 분량의 내용을 집약, 반복적으로 듣는 것이 더 효과적입니다. 이 단계는 소리 식별 훈련 단계이므로 훈련 내용은 크게 상관이 없습니다. 시험 영어를 준비하는 사람은 토익, 토플 문제지도 좋고 시험으로부터 벗어나 있는 사람은 쉬운 생활영어나 수입원서 교재용 테이프 등 어느 것이든 상관없습니다.

먼저 아무 듣기 자료나 서너 번 반복해 들었을 때 절반 정도 알아들을 수 있는 것을 구합니다. 자신의 취향에 맞고 한국어 해설이 없는 영어로만 녹음된 자료여야 합니다. 스크립트는 눈으로 읽지 말고 하루 1~2분 정도의 분량이나 범위를 정해 5~10번 정도 반복해서 듣고 받아 적습니다. 되도록 낱개 단어보다는 의미 단위나 문장 단위로 듣고 적으려고 노력합니다.

그 다음은 스크립트를 확인하여 못 들은 부분을 확인하고 표시합니다. 못 알아들은 단어는 사전을 찾아 빈 공간에 발음기호를 적어 넣습니다. 단어의 철자만 보고도 자연스럽게 발음기호가 머릿속에 연상될 수 있어야 정확한 발음을 구사하는 데 도움이 됩니다. 물론, 발음기호를 발음할 줄 알아야 합니다. 발음기호를 모르고는 정확한 발음을 할 수 없습니다. 어느 정도 청취능력이 완성될 때까지는 발음기호를 자주 확인하는 것을 습관화하는 것이 필요합니다.

이러한 과정을 거쳐 약 70% 이상 받아쓸 수 있다면 받아쓰기를 멈추는 것이 좋습니다. 그때부터는 전체 내용을 두세 번 듣고 나서 잘 안 들리는 부분만 찾아 간단히 표시하는 방식으로 바꿉니다. 들리는 내용까지 굳이 시간을 들여 받아쓰기 하는 것은 아까운 시간을 낭비하는 것입니다.

02 받아쓰기 요령

1. **30~40초** 분량의 짧은 영어 헤드라인 뉴스를 구합니다.
2. 받아 적기 전에 처음부터 끝까지 두 번 정도 들어봅니다.
3. 한 문장 단위로 약 **5~10회** 정도 반복해 들으며 들리는 단어를 적습니다.
   (**10회** 이상 듣는 것은 무의미하므로 **10회**를 넘기지 않습니다.)
4. 소리를 듣는 단계이므로 철자는 무시하고 들리는 소리대로 적습니다.
5. 고유명사, 사람이름 등은 대충 적습니다. (원어민도 잘 못 적습니다.)
6. 다 적은 다음 스크립트를 확인하여 컬러 펜 등으로 틀린 부분을 수정합니다.
7. 틀린 단어 아래에는 사전을 확인하여 발음기호를 찾아 적어 넣습니다.
8. 다시 들어 보면서 문장 내에서 강세를 받는 내용어에 별도로 표시를 합니다.
9. 하나의 문장을 **3~4개**의 의미단위 또는 소리단위 그룹으로 표시합니다.
10. 마지막으로 처음부터 끝까지 들어본 후 따라 읽기 훈련 준비를 합니다.

03 영어리듬으로 읽어라

앞에서 한국어는 음절박자언어(Syllable Timed Language), 영어는 강세박자언어(Stress Timed Language)라고 했습니다. 한국어나 일본어처럼 각 음절의 길이가 같아서 한 문장을 말하는 데 걸리는 시간이 음절의 개수에 따라 비례하는 언어가 바로 '음절박자언어'입니다.

이에 반해, 영어는 강세에 의해서 박자를 맞추어 말하는 언어입니다. 한 문장을 말하는 데 소요되는 시간이 강세의 개수에 비례하고 음절수와는 크게 상관이 없으므로 박자감각을 기르는 것이 대단히 중요합니다. 즉, 문장 내에 강세를 받는 음절의 수가 많으면 시간이 길어지고, 적으면 짧아집니다.

	Kids		like		toys	(3음절)
The	Kids		like		toys	(4음절)
The	Kids		like	the	toys	(5음절)
The	Kids	will	like	the	toys	(6음절)

위 4개의 문장은 음절수는 다르지만 실제 발음에서는 똑같이 kids, like, toys 세 단어에 강세를 받는 3박자 문장으로 발음할 때 길이가 거의 같습니다.

따라서 강세를 받는 3개의 단어만 강하고 명쾌하게 들리고 나머지 단어들은 짧고 불분명하게 발음되기 때문에 이러한 리듬이 숙달되지 않는 초보자는 알아듣기가 매우 어렵습니다.

영어 문장에서 강세의 특징을 정리해 보면,

첫째, 강세가 있는 음절은 강하고 길며 명료하다. (잘 들린다)
둘째, 강세가 없는 음절은 약하고 짧으며 불명료하다. (잘 안 들린다)
셋째, 한 문장 내에서 강세는 규칙적인 간격으로 나타나는 경향이 있다.

내용어(Content Words)	기능어(Function Words)
1. 명사 2. 동사(일반동사) 3. 형용사 4. 부사 5. 의문사 6. 지시대명사	1. 관사 2. 전치사 3. 인칭대명사 4. 소유격 5. 관계대명사 6. 접속사 7. be동사, 조동사

쉽게 말해서, 문장 내에서 중요한 단어는 강세를 받고 문법적 기능을 하는 단어는 강세를 받지 않는다고 말할 수 있습니다. 내용어는 여유 있고 강하게, 기능어는 짧고 빠르게 발음하는 연습을 해야 합니다. 내용어보다 익숙하지 않은 기능어를 읽는 훈련이 훨씬 중요합니다.

강세를 받지 않는 음절 및 관사, 전치사와 같은 1음절 단어는 모두 내용어에 붙여 한 단어처럼 뭉쳐서 발음합니다. 한국인이 가장 어려워하는 게 바로 이 부분입니다. 기능어는 앞에 앉아 있는 사람이 잘 못 알아들을 정도로 짧고 빠르게 발음한다는 느낌으로 발성합니다.

이렇듯 영어문장은 강세와 비강세 단어의 조합으로 한국어보다 몇 배 리드미컬하게 읽어야 합니다. 리듬 감각을 익히지 못하면 쉬운 단어로 이루어진 간단한 문장조차 들리지 않습니다. 스크립트의 내용어에 표시를 해놓고 표시된 부분을 중심으로 과장해서 크게 읽으면 효과가 매우 큽니다.

자신이 못 들은 부분을 원어민의 발음과 비교하며 따라 읽습니다. 절대로 외우려고 하면 안 됩니다. 외워질 정도로 여러 번 반복하는 것입니다. 수없이 반복적으로 읽어서 몸에 밴 문장이 필요할 때 반사적으로 튀어나오게 훈련하는 것입니다.

모국어인 한국어도 절대로 〈자주 사용하는 문장 패턴 3,000개〉처럼 정해 놓고 외우지 않았습니다. 자주 사용되는 표현의 반복이 누적되면서 스스로 패턴을 익히게 됩니다.

마지막으로 훈련을 끝낸 MP3 파일은 시간이 날 때마다 반복해서 들으며 따라 읽습니다. 주로 출퇴근 시간이나 등하교 시간을 활용하면 심심하지 않기 때문에 가장 좋습니다. 이제부터 영어청취는 절대로 책상에 앉아서 하지 않습니다. 자투리 시간을 활용하면 적어도 하루 1시간은 확보할 수 있습니다. 수많은 영어고수들이 자투리 시간으로 청취를 해결한다는 사실을 기억해야 합니다.

이렇게 10~20개의 MP3 파일을 조금씩 양을 늘려가며 반복훈련 합니다. 중요한 것은 반복이고 절대 조급하지 말라는 것입니다. 실력은 자신도 모르는 사이에 조금씩 향상되고 있습니다.

또한, 한 개씩 거의 외워질 정도가 될 때까지 반복해서 듣고 따라 읽습니다. 초기 훈련내용의 숙달정도에 따라 차후에 진도를 나갈 때 시간단축이 결정됩니다. 따라서 처음에는 진도에 너무 신경을 쓰지 않는 것이 바람직합니다.

한국인의 어려움을 잘 모르는 원어민 강사와 영어회화 몇 마디 하는 것보다 '리듬에 맞춰 큰소리로 읽기'를 하는 것이 백 배는 더 효과적입니다. 이 방법 하나만으로도 어휘, 문법, 회화, 독해, 청취, 작문 실력을 한꺼번에 향상시킬 수 있습니다.

정리하기

▶ 청취는 귀로 하는 것이 아니라 입으로 하는 것입니다.
▶ 영어의 리듬 감각을 갖추기 위해서는 줄기차게 따라 읽어야 합니다.
▶ 영어의 어순감각이 생길 때까지 소리 내어 읽는 훈련을 지속합니다.

03 리딩 훈련법

01 들려도 이해가 안 되는 이유

귀가 뚫린 다음 부딪히는 문제는 소리는 들리는데 내용을 이해할 수 없다는 것입니다. 예를 들면, 미국드라마에서 어떤 배우가 Over my dead body.라는 대사를 했다고 가정하면 단어는 들었지만 무슨 뜻인지 모르는 것입니다. 앞의 표현은 '내 눈에 흙이 들어오기 전에는 절대 안 돼.'라는 뜻의 강한 거절을 나타내는 구어체 표현입니다.

이제부터는 '자신이 이해할 수 있는 내용인가'와 '1분에 200단어의 속도로 이해할 수 있는가'의 문제가 제기됩니다. 따라서 폭넓은 독서를 통해 들은 내용에 대한 배경지식과 이해속도를 동시에 갖추어야 합니다. 영어고수들이 한결같이 청취를 위해 읽기를 강조하는 것은 바로 이런 이유 때문입니다.

> "Extensive Reading is not the best way. It's the ONLY way."
> 다독은 최상의 방법이 아니다. 다독은 유일한 방법이다.
>
> – 스티븐 크라센(Stephen Krashen)

청취와 리딩은 이해의 측면에서 공통점이 있습니다. 똑같은 영어지만 청취는 소리를 이해하는 것이고 리딩은 문자를 이해하는 것입니다. 형태만 다를 뿐 이해하는 영어의 내용은 동일합니다. 눈으로 읽어서 생소한 표현이나 구조이면 당연히 내용을 이해할 수 없고, 설령 읽어서 알 수 있는 내용이라 하더라도 소리를 못 알아들으면 역시 이해가 안 됩니다.

결국, 귀와 눈으로 이해할 수 있는 두 가지 능력이 동시에 필요한 것입니다. 원어민이라고 부르는 기준은 귀가 뚫린 7세 어린이가 약 10년 이상 학교 교육을 통해 끊임없이 문자를 접하면서 이해력이 완성된 단계를 말하는 것입니다. 7세의 어린이는 성인 수준의 언어를 이해할 수 없고 자신의 나이에 맞는 내용 정도만 알아들을 수 있습니다. 즉, 다양한 분야의 많은 글을 읽어 필요한 배경지식을 쌓아야 이해 가능한 실력을 갖출 수 있다는 뜻입니다.

[언어의 습득과정]

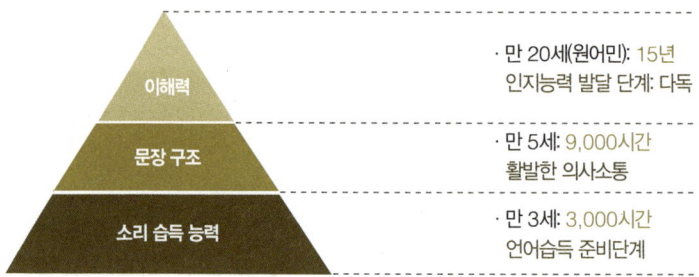

영어로 된 책을 많이 읽으면 영어의 구조를 이해하는 실력이 좋아지기 때문에 음성영어인 청취실력도 좋아지는 것입니다. 처음에는 청취 때문에 어려움을 겪지만 시간이 지나면 오히려 리딩실력이 청취실력을 결정합니다. 초등학교 입학하는 기분으로 자기 실력에 맞는 쉬운 원서부터 독서량을 점차 늘려나가야 합니다.

리딩의 과정은 아래와 같습니다.

단어 인지 → 구조(어순) 숙달 → 내용 이해

우리는 지금까지 학교에서 영어를 한글로 바꾸어 내용을 이해하는 방식으로 학습을 해왔습니다. 그러나 우리에게 필요한 것은 번역능력이 아니라 영어의 어순을 숙달시키는 것입니다. 내용은 머릿속에 그림을 그려가면서 이해합니다.

그런데 영어로 된 글을 읽을 때 우리의 뇌는 무의식중에 한글로 번역을 해서 이해하려고 합니다.

우리의 뇌는 영어의 구조보다는 내용에 더 관심이 있습니다. 영어의 어순감각을 길러야 하는데 내용파악 하는 데 많은 에너지를 사용해 버리는 것입니다. 토익시험의 독해파트에서 시간이 부족한 이유도 어순감각이 부족한 상태에서 읽으면 머리에 내용이 바로 들어오지 않기 때문에 별수 없이 한국어로 번역해서 이해하기 때문입니다. 그러나 구조 감각이 갖춰진 사람들은 읽으면서 바로 이해하기 때문에 오히려 시간이 남습니다. 따라서 많은 양의 독서를 통해 어순감각을 길러야 합니다.

02 올바른 독서방법

영어를 빠른 속도로 이해하기 위해서는 한글로 번역하지 말아야 하고, 번역습관을 교정하는 효과적인 방법은 '이미지 리딩'이라고 했습니다. 우리가 한국어를 해석하지 않고 읽으면서 바로 이해가 가능한 이유는 어떤 글을 읽을 때 단어마다 이미지를 떠올려 그 이미지가 머릿속에서 바로 영상이 되어 펼쳐지기 때문입니다.

다시 말하면 문장을 보고 상황을 연상하면서 동영상의 형태로 이해하는 것입니다. 예를 들어 친구가 여행을 다녀온 이야기를 해줄 때 우리는 자신의 뇌에 저장된 여러 가지 여행과 관련된 이미지를 과거의 경험에서 불러와 동영상의 형태로 재생하여 이해합니다. 그동안 영한사전이나 한글 해설본 등 텍스트 자료에 의존하여 학습했기 때문에 이미지를 떠올리기가 어려웠던 것입니다. 이제부터는 모르는 단어가 나오면 인터넷에서 이미지를 검색하고 관련 동영상을 보면서 상황을 이해하는 방식으로 전환해야 합니다.

이렇게 뇌를 영어식 어순구조 숙달에만 집중하도록 유도할 수 있는 방법이 이미지 리딩입니다. 이미지 리딩의 핵심은 어떤 글을 읽기 전에 이미지나 동영상의 형태로 내용을 미리 이해하는 것입니다. 그러면 뇌는 더 이상 내용을 궁금해하지 않고 우리가 필요로 하는 구조에만 집중하게 됩니다.

효과적인 이미지 리딩을 위해서 추천하는 방법은 시중에서 영화화된 쉬운 영어 원서를 찾아 영화의 동영상을 미리 한글자막으로 감상하는 것입니다. 영화의 내용은 영상으로 머릿속에 넣고 그런 다음 영어로 된 글을 읽으면 영화의 내용이 연상되면서 영어식 구조에 익숙해지는 훈련만 집중적으로 하게 됩니다. 단어나 문장구조가 낯설고 잘 이해가 되지 않더라도 영화의 내용을 알고 있고 스토리 진행이 어렵지 않게 연상이 되기 때문에 읽어 나가는 데에 큰 어려움을 겪지 않습니다.

처음 수개월 동안은 기존의 낡은 습관이 남아 있어서 머리에서 자꾸 한국어로 번역을 하려는 관성과 충돌하지만 전혀 걱정할 필요 없습니다. 그것은 새로운 변화를 거부하는 뇌의 자연스러운 반응이기 때문입니다.

현명한 사람은 학습방법도 다릅니다. 한정된 시간 동안 자신이 학습한 내용을 잊지 않도록 기억을 관리하는 것이 최고로 효율적인 방법입니다. 인간은 복습하지 않으면 24시간 이내에 약 70%를 망각합니다. 반복만이 희미해지는 기억을 되살려낼 수 있습니다.

일단, 최소 한 권을 3회 정독하는 것을 기본으로 합니다. 한 권의 원서를 읽고 나면 새로운 원서로 뛰어 넘고 싶은 유혹을 물리치고 반드시 3회독을 실천해야 합니다. 뇌는 반복을 싫어해서 새로운 것을 원합니다. 3번째 읽을 때에는 자신도 몰라보게 속도의 향상을 느낄 수 있습니다. 반드시 반복에 의한 강화 훈련을 해야 합니다. 지겹지 않다면 5회독을 하면 더욱 좋습니다. 반복은 한글 번역습관을 고쳐줍니다.

03 수준에 맞는 원서를 읽어라

리딩 훈련을 할 때 중요한 것은 자신의 지식수준이 아니라 영어수준에 맞는 원서를 골라야 한다는 점입니다. 왜냐하면 영어는 원어민의 어린 아이 수준에도 못 미치는 사람들이 대부분이기 때문입니다. 체면 때문에 본인의 실력과는 동떨어진 원서를 읽는다면 부작용이 생길 뿐 아니라 영어에 흥미마저 잃게 되는 결과를 가져올 수 있습니다. 오히려 쉬운 원서를 많이 반복해 읽는 것이 더 도움이 됩니다.

이렇게 생각해 볼까요? 원어민이 자주 사용하는 쉬운 표현 1,000개만 자유자재로 구사해도 여러분은 영어를 잘하는 축에 들 것입니다. 쉬운 표현으로 하고픈 말을 다 할 수 있으면 목적을 이룬 것 아닌가요? 남의 시선을 의식해서 어려운 원서를 구했다가는 나중에 너무 큰 대가를 치르게 됩니다. 다시 한 번 당부합니다. 쉬운 원서를 읽으세요.

04 영어원서 읽기 방법

1. 쉬운 영어책을 많이 읽으세요.

어린이는 성인보다 영어를 빨리 습득할 뿐만 아니라 더 잘합니다. 그 비결은 쉬운 영어원서로 된 그림책을 많이 읽기 때문입니다. 우리와 같은 EFL 환경에서는 원어민 10세 수준 정도의 목표설정이 더 현실적입니다. 20세 원어민과 같은 수준의 영어실력은 만들기 어렵습니다.

2. 사전을 보지 않고 내용을 유추하는 습관을 기르세요.

우리는 한글로 된 글을 읽을 때 모르는 단어가 나올 때마다 사전을 뒤적이지 않습니다. 모르는 어휘는 간단히 표시만 해두고 하루 목표량을 모두 읽은 후에 찾아보아도 늦지 않습니다. 그러나 모르는 단어가 한 페이지에 20개 이상 나오는 원서는 본인에게 맞지 않으므로 원서 선택에 주의해야 합니다.

3. 본인의 흥미에 맞아야 합니다.

영어뿐 아니라 모든 일이 흥미를 끌지 못하면 몰입하기가 어려워집니다. 다른 사람이 추천한 원서보다는 자신이 재미를 느끼고 읽을 수 있는 원서가 최고의 교재입니다.

4. 한국어로 번역하지 말고 이미지를 떠올리세요.

한국어로 번역하지 않고 이미지를 떠올려 이해해야 원어민이 말하는 속도를 따라갈 수 있습니다.

5. 하루 학습량을 반드시 세 번 이상 읽으세요.

우리의 뇌에는 시냅스라는 신경전달물질이 있어서 반복은 정보처리속도를 증가시켜 숙달이 될수록 이해 속도가 빨라집니다.

6. 내용을 미리 알고 읽으세요.

구조를 먼저 숙달시켜야 비로소 내용이 머리에 들어옵니다. 영어의 내용이 무엇인지는 그렇게 중요하지 않습니다. 동영상, 한글 설명, 주변 정보 등을 통해 읽을 대상에 대한 내용을 유추하여 습득하고 읽어 나갑니다. 그 상태에서 우리의 뇌는 영어의 구조만 관찰하도록 활성화됩니다. 내용은 전혀 중요한 것이 아닙니다.

7. 소리를 내지 말고 읽으세요.

이해 가능한 내용을 읽을 때 눈으로 읽는 속도는 말하는 속도보다 4배나 빠릅니다. 따라서 리딩 속도를 높이기 위해서는 내용을 미리 알고 입으로 소리 내지 않고 눈으로만 읽는 습관을 들이는 게 좋습니다.

8. 덩어리(Chunk) 단위로 읽으세요.

청취를 할 때 덩어리(Chunk) 단위로 뭉쳐서 듣는다고 했습니다. 리딩을 할 때도 청취할 때와 같이 여러 개의 의미단위로 읽습니다. '덩어리(Chunk)'는 원어민의 '이해단위'입니다. 덩어리로 읽어야 영어도 한글처럼 빠른 속도로 읽을 수 있습니다. 한 단어씩 꼼꼼하게 읽는 방식은 한국어와 일본어에만 적용된다는 점을 명심해야 합니다.

9. 완벽보다는 발전을 즐기세요.

본인의 실력으로 이해하기 어려운 문장을 만나면 다음 문장으로 넘어가는 센스도 필요합니다. 어설픈 완벽주의는 숙달속도를 그만큼 더디게 합니다. 완벽하게 이해하기 보다는 전체적인 내용파악에 집중해야 합니다.

10. 하루에 20분씩 위의 내용을 매일 실천하세요.

이 세상의 모든 위대한 결과물은 사소한 행위의 꾸준한 실천으로 이루어졌습니다. 하루 20분이 얼마나 큰 성과물을 가져올 지는 여러분의 몫입니다. 매일 작은 실천은 불과 몇 년 후에 명품 영어실력을 가져다 줄 것입니다.

04
스피킹 훈련법

01 영어 말하기가 안 되는 이유

일반적으로 영어 말하기가 안 되는 이유를 세 가지로 정리해 보겠습니다.

첫째, 상대방이 한 말을 못 알아듣는 경우입니다. 주로 청취가 안 되는 초급자에게 해당되는 현상이며 가장 기본적인 어휘, 발음, 리듬, 문장구조 등의 파악이 안 되는 총체적인 부실이 원인입니다. 이 부류는 말하기가 아니라 오히려 청취부터 해결해야 합니다.

둘째, 문장을 만드는 능력이 없어서 말을 못하는 경우입니다. 영어 실력이 중급 이상인 사람에게 해당되는 현상이며 상대방이 한 말을 어느 정도 알아듣기는 했는데 입이 떨어지지 않아 할 말이 머릿속에서만 맴도는 경우입니다. 대화를 이어가기 위해서는 상대의 말을 듣고 질문을 만들어서 던져야 하는데 의문문을 잘 만들지 못하기 때문에 대화가 진행되지 않습니다. 이 경우는 무의식적으로 원하는 표현이 튀어나올 정도로 의식적인 말하기 훈련이 필요합니다. 말을 잘하기 위해서는 말하기 훈련을 해야 합니다.

셋째, 전반적인 영어실력은 좋지만 특정 상황에서 사용되는 표현이 부족한 경우입니다. 영어실력이 상급자인 사람에게 주로 해당됩니다. 영어를 잘하는 사람도 처음 가보는 외국 식당에서 음식을 주문할 때 어려움을 겪을 수 있습니다. 영어를 못해서라기보다는 메뉴 내용을 잘 모르고 음식을 주문하는 절차나 순서 등 문화적인 배경에 대한 이해가 부족해서 그렇습니다.

의학 전공자가 IT 관련 뉴스를 들을 때 이해가 잘 안 되겠지만 필요하다면 유사한 뉴스를 몇 편 구해서 모르는 단어나 용어를 공부하고 내용을 이해한다면 문제를 해결할 수 있습니다. 더불어 어떤 주제에 대해 대화할 기회가 주어졌을 때, 머릿속에 평소에 정리된 의견이 있다면 대화는 거침없이 진행될 것입니다. 아무 생각이 없다면 할 말이 없으므로 대화할 기회를 잃게 될 것은 당연합니다. 결국, 영어나 한국어를 떠나 말을 잘하기 위해서는 다양한 분야에 관심을 두고 생각이 정리되어 있어야 가능한 것입니다.

02 청취와 말하기를 동시에

청취와 말하기는 떼려야 뗄 수 없는 밀접한 관계에 있습니다. 언어학적으로도 청취는 말하기와 병행할 때 가장 효과가 크다고 합니다. 청취실력을 키우려면 오히려 말하기 연습을 해야 합니다. 청취를 할 때 원어민이 말하는 속도 때문에 어려움을 겪게 되는데 원어민의 빠른 문장을 해독(decoding)하는 것보다 '듣고자 하는 내용을 소리 내 말하는 것'이 더 효과적입니다.

이렇게 스피킹과 리스닝을 병행하면 청취력을 크게 향상시킬 수 있습니다. '들을 수 있는 것을 모두 말할 수는 없지만 말할 수 있는 것은 들을 수 있다.'라는 유명한 말도 있습니다. 따라서 한 문장을 '10번 듣는 것'보다 '소리 내어 한 번 말하기'가 더 중요합니다. 이것은 수많은 실험에서 이미 증명된 사실입니다. 즉, 청취하고 싶은 내용을 먼저 이해하고 소리 내어 읽는 방법이 가장 빠른 청취, 말하기 훈련 비법입니다.

따라 읽기 훈련을 통해 영어발음과 리듬이 어느 정도 숙달되면 마지막 단계인 쉐도윙 훈련까지 마쳐야 합니다. 쉐도윙(Shadowing)은 초보자들이 가장 어렵게 느끼는 부분인데 어렵다고 미루거나 건너뛰어야 할 성격의 훈련이 아닙니다.

동시 통역사들은 모두 쉐도윙 훈련을 기본적으로 하고 있고 영어 뉴스나 미국 드라마를 좀 더 편안하게 듣기를 원한다면 반드시 거쳐야 합니다. 영어 시험 고득점을 목표로 가진 사람이라면 쉐도윙 훈련을 안 해도 전혀 문제 없습니다. 하지만 우리는 영어를 배우는 목적을 생각해야 합니다. 영어를 영어답게 듣고 이해하고 의사표현을 할 수 있는 수준의 목표를 가져야겠죠. 시험 점수만으로 말하기 실력을 논하는 것은 무의미합니다. 시험 영어의 문제점은 듣기시험에 나오는 내용만 알아들을 수 있고 시험에 나오는 유형만 말할 수 있는 한계 때문입니다. 따라서 자신이 말하고 싶은 내용이 포함된 문장을 많이 보고 따라 읽어야 합니다.

스피킹은 기본적으로 큰소리로 읽어서 유용한 표현들을 입에 익히는 습관을 들이는 것입니다. 큰소리로 읽는 것은 간단해 보이지만 처음에는 말처럼 쉽지만은 않습니다. 수십 번의 반복훈련을 거쳐 원어민의 속도로 따라 읽을 수 있게 되면 그때부터는 소리만 들으면서 원어민보다 한 단어 정도 늦게 뒤쫓아 가면서 읽는 훈련을 합니다. 이것이 쉐도윙 훈련입니다.

제가 직접 실험을 해보니 한 문장씩 따라 읽기와 전체 내용 쉐도윙까지 하루에 3시간 넘게 걸렸던 것이 약 6개월 뒤에는 약 15~20분까지 단축되었습니다. 지금은 약 10분정도면 1분짜리 뉴스를 자막을 보지 않고 쉐도윙까지 할 수 있습니다. 포기하지 않고 6개월 이상 꾸준히 제대로 훈련하면 충분히 같은 경험을 할 수 있습니다.

그러나 누구나 6개월 뒤에 똑같이 된다는 얘기는 아닙니다. 결과는 정확한 방법과 훈련량에 비례한다는 점을 명심해야 합니다. 벽에 누적시간 체크표를 붙여 놓고 매일 시간을 표시하며 훈련해 보세요. 저는 일주일에 6시간, 한 달에 최소 20시간을 채우려고 노력했습니다.

03 소리 내서 읽는 방법

1. 정확한 발음과 자연스러운 리듬으로 읽습니다. 성량은 약 2m 정도 떨어져 있는 사람에게도 크게 들릴 정도로 읽습니다. 절대로 속삭이듯 읽어서는 효과가 없습니다.

2. 한국어로 번역하지 않고 상황을 머릿속에 이미지로 그려가면서 감정을 이입하여 읽습니다. 구어체의 경우 다소 과장하여 읽는 것이 좋습니다. 우리의 기억은 감정을 동반할 때 뇌에 더 잘 저장됩니다.

3. 발음과 리듬이 익숙해지면 최대한 빠른 속도로 따라 읽습니다. 이때는 한 문장을 한 번의 호흡으로 읽을 수 있을 정도로 연습합니다. 최소한 그날 내용을 10회 이상 반복훈련할 것을 권합니다.

4. 하루 전, 일주일 전에 훈련한 자료를 약 2~3회 정도 편안한 마음으로 따라 읽습니다. 이전에 훈련한 자료를 두어 번 시각과 청각을 자극하는 것만으로도 나중에 엄청난 효과를 경험할 수 있습니다.

5. 충분히 숙달이 되면 스크립트를 보면서 자신의 목소리를 MP3 파일로 녹음해서 들어봅니다. 자신의 발음 중 어느 부분이 어색하게 발음되는지 원어민 자료와 비교해 듣습니다. 어색한 부분은 체크하여 그 부분만 집중적으로 10회 정도 반복해 읽습니다.

6. 전체 내용을 처음부터 끝까지 연속으로 약 3회 정도 따라 읽습니다.

입으로 따라 읽는 훈련의 중요성은 아무리 강조해도 지나치지 않습니다.

입으로 훈련하지 않고서는

1. 발음과 리듬이 기본이 되는 회화능력을 키울 수 없을 뿐 아니라
2. 회화가 잘되면 작문능력의 기초가 자연스럽게 갖추어집니다. 내 입에서 반사적으로 튀어 나올 수 있는 표현을 글로 적은 것이 곧 작문이기 때문입니다.
3. 내 입에 익숙해진 문장이 글로 쓰여 있을 때 보는 순간 문장 전체가 한눈에 들어옵니다. 즉, 직독직해가 이루어지는 것입니다.

우리나와 같은 EFL 환경에서 노출부족을 보완할 수 있는 유일한 방법이 바로 입을 사용해 강도 높은 훈련을 하는 것입니다. 하루에 1시간입니다. 영어권 국가에서 2~3년 정도 살아야 익힐 수 있는 표현이라도 집에서 혼자 50~100번 반복훈련하면 단 하루 만에 내 것으로 만들 수 있습니다.

많은 사람이 원어민과 프리토킹을 하면 말하기가 늘 것이라고 생각합니다. 그러나 대부분 정작 프리토킹을 할 때 자신이 말하는 시간보다는 듣고 있는 시간이 많을 겁니다. 프리토킹 1시간을 하기 위해서는 적어도 3시간 이상 말하기 연습을 미리 하고 대화에 참여해야 합니다. 말하기는 준비가 절반 이상을 차지합니다. 부단히 연습해서 입 근육이 기억한 숙달된 표현만 말하기가 가능하다는 점을 기억해야 합니다. 초보자에게는 원어민과 함께 보내는 시간보다 혼자서 연습하는 시간이 더 필요합니다.

04 영어회화를 위한 말하기 훈련

유난히 한국 사람들은 '영어회화'에 목을 맵니다. 하지만 정작 영어회화를 사용할 일이 거의 없는 사람들이 대부분입니다. 영어회화가 안 되는 이유는 자신의 상황과 별로 관련이 없는 문장을 무작정 외우려고 하기 때문입니다.

가장 먼저 자기소개부터 일상적인 하루 일과와 같은 자신의 주변에서 일어나는 내용부터 연습하는 것이 좋습니다. 나에게 필요하지 않은 문장은 감정이입도 안 될 뿐더러 실제로 사용할 일이 없기 때문에 잊어버리게 됩니다.

요즘처럼 해외여행이 보편화된 시기에는 여행 중에 자주 접할 수 있는 상황을 연상하면서 말하는 연습을 하는 것도 하나의 방법입니다. 같은 동양권에 살아도 중국인은 한국인보다 영어를 잘한다고 알려져 있습니다. 중국어의 어순이 영어와 같다는 이유도 있지만 중국 사람은 외국어를 배울 때 말하기 연습을 많이 한다고 합니다.

반면, 한국인은 입 밖으로 소리 내는 것을 매우 어색하게 생각합니다. 영어교육 전문가 이보영 선생님도 '말하기는 70%가 준비'라고 말했습니다. 듣기, 읽기, 말하기, 쓰기의 4가지 영역 중에 듣기와 읽기는 수동적(Input) 기능, 말하기와 쓰기는 능동적(Output) 기능에 속합니다. 책을 많이 읽었다고 해서 글을 잘 쓰지 못하는 것처럼 청취를 많이 했다고 해서 어느 날 갑자기 말을 잘하게 되는 것이 아니라는 겁니다.

앞에서 읽기의 중요성을 언급했는데 영어회화를 잘하고 싶다면 글보다는 구어체 문장을 많이 읽어야 도움이 됩니다. 글보다 말이 먼저입니다. 자신이 필요한 것부터 먼저 해결해야 합니다.

05 미국드라마 활용하기

구어체 영어를 배우는 데 미국드라마만큼 좋은 교재는 없다고 생각합니다. 미리 말씀드리지만 미국드라마는 회화용(구어체) 재료이기 때문에 뉴스처럼 받아쓰기를 해서는 안 됩니다. 오로지 대화 연습의 재료로만 활용해야 합니다.

또한 대사가 너무 빨라서 듣기 어렵다고 미리 겁을 먹는 사람도 많습니다. 구어체 표현은 순전히 청력에 의해서 듣고 이해하기보다는 관련 표현을 미리 알고 있어야 들리는 부분이 많습니다. 따라서 반드시 자막이 있는 자료를 구해서 드라마 안의 배역이 된 것처럼 감정을 이입하여 따라 읽는 것이 중요합니다. 가끔 중간에 나오는 내레이션은 무시하고 스크립트의 대화 부분을 집중적으로 따라 읽어야 합니다.

아래와 같은 순서로 훈련하기 바랍니다.

① 내용 이해를 위해 한글자막으로 영화나 드라마 동영상을 감상한다.
② 영어자막을 켜고 영어문장을 눈으로 보면서 다시 감상한다.
③ 주인공이 되어 스크립트를 보고 큰소리로 따라 읽는다.
④ 자막 없이 드라마 동영상을 감상하면서 훈련한 영어문장을 연상한다.
⑤ MP3 파일을 듣고 다니면서 소리만 들으면서 대사를 따라 읽는다.

정리하기

▶ 자신과 관련 있는 분야를 정해서 말하기 연습을 하세요.
▶ 말하기는 사전준비와 연습이 70% 이상입니다.
▶ 준비를 했으면 직접 체험(활용)해야 자신의 것이 됩니다.

05
효과적인 어휘 학습법

"단어는 다 알 것 같은데 문장이 이해가 안 돼요."

모든 어휘는 문장 안에서 비로소 생명력을 갖추게 됩니다. 우리의 하루 일과를 살펴볼까요? 아침에 일어나 하루를 마감할 때까지 듣게 되는 모든 내용은 문장으로 시작해서 문장으로 끝납니다.

언어를 배우는 초기에는 약 2,000여개 정도의 필수 단어를 외우는 시기가 있기는 하지만 그 이후에는 모두 문장 위주로 읽고, 말하고, 듣게 됩니다. 단어를 1,000개 알고 있는 사람보다 문장을 100개 알고 있는 사람이 영어를 더 잘하는 사람입니다. 단어장 들춰 볼 시간 있으면 영어 문장 한 개라도 더 봐야 합니다.

단어가 아니라 문장을 많이 본 사람이 영어를 잘하게 되어 있습니다. 그리고 아주 고질적인 나쁜 습관은 불필요한 단어장 만들기입니다. 단어장 만드는 데 많은 시간을 할애하고 있는 사람은 영어를 못하는 사람일 가능성이 매우 높습니다. 그것도 영어단어와 한글 뜻을 일대일로 정리한 단어장은 최악입니다. 단어장을 만들 경우 해당 단어가 포함된 영어문장을 반드시 적어놓아야 합니다.

어휘를 습득하는 가장 좋은 방법은 문장 위주로 말하기 연습을 하면서 문장 안에서 어휘를 동시에 익히는 것입니다. 실제 문장에서 어떻게 사용되는지 자주 접해야 기억도 오래 갑니다. 특히 일상적인 기본 어휘들은 말하기 훈련을 통해 터득해야 합니다.

문장을 통해서 말하기 훈련을 하면 단어를 따로 암기하지 않아도 그 어휘가 실생활과 문장 속에서 어떻게 사용되는지 자연스레 알 수 있습니다. 또한, 어휘의 실제 활용뿐만 아니라 우리가 문법이라고 부르는 영어의 문장구조도 터득하게 됩니다. 어휘를 많이 암기했다고 해서 말하고 싶은 문장이 입에서 쉽게 튀어 나오는 것이 아닙니다. 우리는 이미 초중고·대학을 졸업할 때까지 이미 충분한 어휘를 배웠습니다. 그러나 실제 상황에서 입이 열리지 않는 이유는 알고 있는 어휘로 다양한 문장을 만드는 연습을 하지 않았기 때문입니다.

이제부터는 어휘를 익힐 때 반드시 해당 어휘가 포함된 문장을 읽어야 합니다. 영어를 배우다 보면 '덩어리로 표현을 익히라'는 말을 듣습니다. 문장 내에서 해당 어휘가 어떤 단어들과 주로 어울려 사용되는지 관찰하라는 뜻입니다. 아는 단어는 많은데 말이 잘 안 나오는 이유는 Collocation이 부족하기 때문입니다. 어휘는 되도록 함께 어울려 사용되는 연어(Collocation) 형태로 익히는 것이 유용합니다.

예를 들어,

I maxed out my credit cards.
난 신용카드를 한도까지 다 써버렸습니다.

위의 문장에서 max out '한도까지 사용하다'라는 표현만 외우기보다는 credit card까지 함께 묶어서 익히는 것입니다. 실제 상황에서 함께 어울려 사용될 빈도가 매우 높기 때문이죠. 이렇게 어휘를 포함한 의미단위별로 익혀 나가야 회화를 할 때에도 연관된 표현이 자연스럽게 입에서 나올 가능성이 높습니다.

The kidnappers were demanding a ransom of $ 300,000.
유괴범들은 몸값으로 30만 달러를 요구했습니다.

위 문장에서는 ransom '몸값'이라는 표현 하나보다는 demand a ransom을 묶어서 기억하는 것이 좋겠죠?

이렇게 어휘를 문장 내에서 익히면 용법도 저절로 해결되고 실전에서의 활용 능력이 월등히 좋아집니다. 영영사전, 인터넷, 영어원서 또는 해당 어휘를 다양한 문장으로 소개해 주는 교재 등 어떠한 것이든 좋습니다.

영어 단어와 한국어 단어를 1대 1로 대입하여 암기하는 방식은 피해야 합니다. 실제 상황에 부딪히면 활용하지 못할 뿐 아니라 기억에서도 금방 사라집니다.

만약 아직도 어휘를 이와 같이 익히고 있다면 자신이 영어를 못하는 것을 탓하지 말아야 합니다. 괜히 외부환경을 탓하지 않아야 합니다. 문장을 외우기 위해서 피나게 노력할 필요는 없습니다. 관심 있게 관찰하는 것만으로도 충분합니다.

원어민이 일상에서 사용하는 실용어휘는 약 3,000개 정도밖에 되지 않습니다. 자신이 영어를 못하는 원인이 어휘력 부족 때문만은 아니란 뜻입니다. 특정 분야의 전공서적을 읽어야 한다든가, 영어권 국가의 대학원 입학을 위해 필요한 어휘(TOEFL)가 아니라면 중·고등학교 때 배웠던 어휘로도 일상적인 영어를 구사하는 데 전혀 문제가 없습니다.

어휘력을 늘린다고 단어장 같은 것을 별도로 구입해서 외울 필요도 없습니다. 매일 한 시간 정도씩 소리 내어 좋은 문장을 따라 읽는 것이 좋습니다. 기사 하나를 가지고 일주일 정도 반복해서 따라 읽으면 입에서 저절로 튀어 나올 정도가 됩니다. 이런 식으로 매주 주제를 바꾸어 가며 훈련하면 얼마 안 가서 정치, 경제, 사회, 문화 등 각 분야의 어휘를 골고루 갖추게 됩니다.

06 스터디 활용하기

아무리 좋은 방법과 자료가 있다 하더라도 본인이 실천하지 않으면 아무런 소용이 없습니다. 제가 10년 넘게 영어를 놓지 않고 꾸준히 할 수 있었던 비결은 바로 정기적인 오프라인 스터디 덕분이었습니다.

누구에게나 무엇이든 혼자서 꾸준히 실천한다는 것은 결코 쉽지 않습니다. 그래서 저도 스스로를 통제하기 위하여 온라인 카페를 활용하여 관심분야가 같은 사람들과 정기적인 모임을 주최하는 등 나태해지지 않도록 강제적인 장치를 만들었습니다.

주중에는 하루 한 시간씩 혼자서 스터디를 준비하면서 연습하고, 주말에는 오프라인 모임에 나가 여러 사람들과 함께 피드백을 하며 시간을 보냈습니다. 스터디를 할 때는 집에서 혼자 할 때보다 즐겁고 시간도 빠르게 지나갑니다. 만약 오프라인 스터디가 없었다면 지금처럼 이 글을 쓰지 못했을 것입니다.

요즘은 온라인 모임이 활성화되어 저처럼 인터넷에 카페를 만들어 뜻을 같이하는 사람들이 모여 지속적으로 공부하는 모임이 많아졌습니다. 오프라인 스터디의 장점은 지속성과 더불어 영어실력 이상을 가져다준다는 것입니다. 스터디를 운영하면서 멤버들끼리 돌아가며 가르치는 기회를 가져보는 것도 적극 추천합니다.

우선 스터디를 이끌게 되면 저절로 공부를 하게 됩니다. 사람들에게 설명해줘야 하고 내가 어느 정도 숙달이 되어야 스터디 진행을 할 수 있으므로 자신을 통제하는 수단으로는 단연 최고입니다. 수많은 영어교육 전문가들도 가르치면서 배우는 것이 가장 효과적이라고 추천합니다. 준비할 당시에는 약간의 스트레스가 되기도 하지만 조금만 시간이 지나 익숙해지면 자신의 실력을 두 배 이상 향상시키는 데 큰 역할을 합니다.

혼자서 공부할 때는 이해가 된 것 같지만 다른 사람에게 설명하다 보면 정확히 이해하지 못하는 부분도 발견하게 되어 자신의 약점이 보완되는 효과도 얻을 수 있습니다. 스터디 리더는 다른 사람보다 더 많이 준비하게 되니까 영어 실력이 더 빠르게 향상되는 것은 당연하겠죠?

그리고 무엇보다 자신감을 가져야 합니다. 한국인이 영어를 못하는 것은 전혀 창피한 일이 아닙니다. 다만 머리로는 노력해야 한다는 사실을 알면서도 실천하지 않는 나태한 마음가짐을 창피하게 생각해야 합니다.

때로는 슬럼프가 찾아와 처음의 의지를 꺾기도 합니다. 그런데 슬럼프라는 것은 노력보다 욕심이 앞설 때 찾아오는 손님입니다. 완벽해지려고 하기보다는 매일 발전을 즐기려는 마음을 갖는 것이 여러모로 유리합니다.

초보자는 마음이 급한 반면 처음부터 완벽하게 하려는 강박관념 때문에 얼마 가지 못해 스스로 지쳐 포기하게 됩니다. 영어는 마라톤과 같습니다. 초반 레이스부터 전력 질주해서는 안 된다는 점을 명심하면 슬럼프는 쉽게 찾아오지 않을 것입니다.

CHAPTER 09
실천 습관 만들기

01
습관이 전부다

'나는 모든 위대한 사람들의 하인이고 또한 모든 실패한 사람들의 하인입니다. 위대한 사람들은 사실 내가 위대하게 만들어 준 것이지요. 실패한 사람들도 사실 내가 실패하게 만들어 버렸고요.

나를 택해주세요, 나를 길들여 주세요, 엄격하게 대해주세요, 그러면 세계를 제패하게 해주겠습니다. 나를 너무 쉽게 대하면 당신을 파괴할지도 모릅니다.

나는 습관입니다.'

01 생각도 습관이다

영어를 정복하는 것은 단순히 영어를 못하도록 길들여져 있던 과거의 습관을 영어 잘하도록 만드는 좋은 습관으로 교정해 가는 과정입니다. 그러나 기존의 습관이 나쁜 줄 알면서도 막상 고치려 들면 쉽게 고쳐지지 않습니다. 습관에는 강력한 관성이 있어 고치려고 하면 우리 뇌에서 극렬한 저항을 불러일으키기 때문입니다.

새로운 습관을 만드는 가장 좋은 방법은 그것이 뇌 안에서 신경회로로 자리 잡을 때까지 일정기간 동안 반복하는 것입니다. 여기서 신경회로란 시냅스를 말합니다. 우리의 뇌에는 뉴런이라고 불리는 수천억 개의 신경세포가 있는데, 신경세포 말단에 시냅스라는 곳에서 신경세포 간 정보를 상호교환하게 됩니다. 21일 동안 동일한 생각이나 행동을 반복하게 되면 뇌에 각인이 되어 새로운 습관이 형성된다고 합니다. 그런데 가장 위험한 습관은 정신적인 습관입니다. 머리에서 계속 생각하는 것은 현실화되기 때문에 스스로 가능성을 제약하는 부정적인 생각은 가장 많은 해를 끼칩니다.

성공한 사람과 실패한 사람의 유일한 차이는 습관이라고 합니다. 심리학자들은 과거의 사건이 행동의 15%만을 유발한다는 사실을 밝혀냈습니다. 행동의 85%는 미래에 일어날 수 있는 일을 예상하는 사고의 결과에 의해 이루어진다는 것입니다. 즉, 앞으로 일어날 일의 결과를 긍정적으로 예상함으로써 미래의 상당 부분을 바꿀 수 있다는 것입니다.

성공을 위해 가장 중요한 습관은 '나는 원하는 것은 무엇이든 할 수 있다'라고 생각하는 것입니다. 우리의 정신 상태는 스스로의 운명을 결정짓는 절대적인 요소입니다. 이 세상 모든 것의 결과물은 생각으로부터 나오기 때문입니다. 에머슨은 "그가 하루 종일 생각하는 것 그 자체가 그 사람이다."라고 말했습니다. 원하는 것과 그것을 얻는 방법을 더 많이 생각할수록 우리의 정신력은 목표에 더 잘 집중합니다.

지금 당장 본인이 하루 종일 무슨 생각을 하며 보내는지 돌이켜 보세요. 영어 공부를 하는 시간만큼이나 영어에 대해, 자신의 미래 계획에 대해 진지하게 생각하는 시간의 양도 대단히 중요합니다.

02 원하는 것만 생각하라

자신이 원하지 않는 것은 차단하고 원하는 것만 생각함으로써 더 빨리 목표를 달성할 수 있습니다. 『시크릿』이라는 책에서도 '끌어당김의 법칙(Law of Attraction)'에 대해 설명을 하고 있습니다. 원하는 것만 생각하면 원하는 것들이 끌려옵니다. 정말 그렇습니다.

반대로 원하지 않는 나쁜 것들은 절대로 생각하지 말아야 합니다. 우리는 무의식중에 부정적인 생각을 많이 합니다. 부정적인 생각 또한 오랜 세월동안 반복되고 학습된 결과물입니다.

이제부터는 부정적인 감정이 들어오지 못하도록 정신자세를 긍정적으로 바꾸어야 합니다. 긍정적인 정신자세를 갖는 데 도움이 되는 방법은 이미 지나간 일은 돌이킬 수 없는 일임을 깨닫고 관심을 두지 않는 것입니다. 과거는 바꿀 수 없지만 현재와 미래는 원하는 대로 바꿀 수가 있기 때문에 정신을 앞으로 일어날 일에 집중하는 것입니다.

과거에 실패한 경험이나 불행했던 감정으로부터 문을 닫으세요. 과거를 생각한다거나 부정적 감정에 머무르는 것은 앞으로의 상황만 악화시킬 뿐 전혀 도움이 되지 않습니다. 원하는 것과 그것을 성취할 방법에 대해 생각하면서 대부분의 시간을 보내세요. 미래 지향적이고 낙관적인 생각만이 우리를 행복하고 긍정적으로 만들 수 있습니다. 또한 우리가 행동하도록 만드는 최고의 자극제가 됩니다.

우리는 성공한 사람들의 사고방식을 배워야 합니다. 성공한 사람들은 공통적으로 미래 지향적인 사고습관을 가지고 있습니다. 현재의 여러 가지 환경이나 상황에 압도되어 걱정하는 대신 5~10년 후에 내가 무엇이 되고 무엇을 하고 싶은지에 대해 생각하세요. 미래의 성취 결과물에 대해 명확하게 생각할수록 지금 내리는 결정도 더 분명하고 정확해집니다. 성공한 사람들의 사고방식을 배우고 습관으로 만들면 우리 것으로 만들 수 있습니다. 성공한 사람은 미래 지향적 사고가 습관화된 사람입니다.

03 목표설정을 습관화하라

목표를 세우고 도전하는 습관은 성공한 사람들의 기본적인 특징입니다. 우리가 극복해야 하는 가장 큰 장애물은 타성입니다. 우리의 뇌는 매우 효율적이어서 에너지를 낭비하는 새로운 습관형성을 원하지 않습니다. 계속해서 목표를 세우고 실천해 나가는 습관이야말로 성공을 위한 가장 핵심적인 요소입니다.

대부분의 사람은 목표를 설정하지만 성취에 실패합니다. 가장 큰 이유는 성취하지 못할지도 모른다는 두려움 때문입니다. 두려움을 이겨내기 위해서는 목표에 대한 강렬한 열정과 소망을 가슴에 품어야 합니다. 자신이 되고 싶거나 갖고 싶은 것에 대해 명확하게 정의하고 무조건 된다고 믿어야 합니다. 안 될지도 모른다는 의심은 아예 끼어들지 못하게 마음속에 커다란 자물쇠를 굳게 잠가 두어야 합니다.

마음속에 목표를 정했으면 종이에 적어야 합니다. 종이에 적지 않으면 진정한 목표가 아닙니다. 많은 사람이 목표를 종이에 적지 않습니다. 그 이유는 자신이 목표를 달성할 수 있을 거라고 믿지 못하기 때문입니다. 따라서 종이에 적는 행위가 목표를 달성하는 데 별로 도움이 되지 않는다고 생각합니다.

자신의 목표를 구체적으로 종이에 적으세요. 분명한 목표가 없으면 에너지가 분산됩니다. 마치 비행기가 항로 없이 하늘을 날고 있는 것과 다르지 않습니다. 목적지를 향해 항로를 따라 비행하면 원하는 시간 내에 무사히 목적지에 도착할 수 있습니다. 목표가 없다는 것은 과녁도 없이 허공을 날아가는 화살과도 같습니다.

1953년 미국의 예일대 경영대학 졸업생을 대상으로 20년간 추적 조사한 결과 글로 쓴 목표를 갖고 있던 3% 학생들의 소득의 합이 나머지 97%의 합보다 많았다고 합니다. 자신의 목표를 글로 써서 눈에 잘 보이는 곳에 붙이세요. 이것만으로도 이미 절반을 이룰 수 있습니다.

그러나 100명 중 3명만이 자신의 목표를 글로 쓴다고 합니다. 글자로 적은 목표를 매일 반복적으로 바라보는 것은 무의식을 자극하고 잠재력을 활성화 시켜 목표달성을 위해 더 빨리 행동할 수 있게 도와줍니다. 지금 당장 글로 적으세요. 성취는 단지 시간문제입니다.

04 새로운 습관 형성의 7단계

① 굳게 결심한다. ⇨ 이미 이루어졌다고 믿는다.
② 종이에 적는다. ⇨ 눈에 잘 보이는 곳에 붙인다.
③ 다른 사람에게 말한다. ⇨ 다른 사람이 보고 있을 때 잘 지켜나간다.
④ 성공한 자신의 모습을 상상한다. ⇨ 자주 상상할수록 무의식을 더 자극하고 새로운 습관이 형성된다.
⑤ 적은 목표를 매일 보고 읽는다. ⇨ 반복된 사고는 강한 신념을 만든다.
⑥ 기한을 정한다. ⇨ 잠재의식에 강제시스템을 작동시킨다.
⑦ 같은 목표를 달성한 사람을 본받는다. ⇨ 시간과 에너지가 절약된다.

> 습관은 최고의 하인이거나 최악의 주인이다.
>
> – 너대니얼 에먼스 –

02
상상하면 이루어진다

우리는 새로운 습관을 개발하려고 할 때 보통 강한 의지를 가지고 덤벼듭니다. 불굴의 의지로 기존의 사고방식과 행동방식을 바꾸겠다고 말이죠. 그러나 성공한 사람들을 살펴보면 보통 사람과는 뭔가 다릅니다. 무의식 속에 성공습관이 이미 몸에 베인 사람들입니다. 성공한 사람들은 매일 불굴의 의지력으로 모든 것들을 실행하고 있는 것이 아닙니다. 즉, 사고와 행동이 무의식 속에 자동화되어 있는 것입니다.

왜 작심삼일이 되는지 아십니까? 자신을 지배하고 있는 기존의 익숙한 습관 때문입니다. 물론 의지력을 전혀 발휘하지 않고 성취되는 일은 없습니다. 새로운 습관이 되도록 노력함과 동시에 마음속에 원하는 일에 집중하여 상상하는 훈련을 병행해야 합니다.

'상상력이 의지보다 훨씬 강력하며, 상상력과 의지가 충돌할 때 늘 상상력이 승리를 거둔다.'는 사실을 처음으로 밝혀낸 사람은 프랑스의 의사 '에밀 쿠에'입니다. 더 나은 인생을 바란다면 먼저 그러한 희망을 마음속에서 그림으로 그려야 합니다.

이성이 가로막고 서서 '그런 일은 결코 일어날 수 없어', '말이 안 돼'라고 훼방을 놓을 수도 있습니다. 그러나 우리의 마음속에서 상상력에 의해 사물을 분명하게 떠올릴 수만 있으면 우리 내부의 창조적인 성공 메커니즘은 그 일을 맡아서 어떤 의식적인 노력이나 의지로 행하는 것보다 훨씬 더 훌륭하게 그 일을 해냅니다.

우리는 어떠한 일을 하려고 할 때 쓸데없이 정신적 갈등을 일으키기보다는 머릿속에 어떠한 이미지를 상상한 후 목표를 향해 앞으로 나아가기 위해 자신의 노력을 그쪽 방향으로 집중하기만 하면 되는 것입니다.

상상력은 우리가 알고 있는 것보다 훨씬 더 중요한 역할을 합니다. 상상력은 우리의 행복을 좌우할 수 있고, 심지어는 우리의 지성까지도 지배합니다. 사람들은 대개 어떤 일을 행하거나 행하지 못하게 하는 것이 의지력의 결핍 때문이라고 생각합니다. 하지만 그렇지 않습니다. 그건 바로 상상력 때문입니다. 먼저 생각이 있고, 그런 다음 그 생각을 아이디어와 계획으로 발전시키며, 그 계획을 현실로 변화시키는 것입니다. 그러므로 성공의 시작은 바로 상상력 속에 있는 것입니다. 상상력은 마음을 자극함으로써 명확한 인생 목표를 달성하는 데 도움이 될 새로운 아이디어를 이끌어내고 새로운 계획을 개발하도록 도와줍니다.

자신이 원하는 사람이 이미 되었다고 상상한 후 그런 자신이 어떻게 느낄 것인지 상상해 보세요. 스스로에게 긍정적으로 '나는 이미 나의 목표를 이루었다.' 라고 말하고 행동하세요. 머지않아 그 목표는 이루어져 있을 것입니다. 한 번에 한 가지 목표만 시도하고 그 목표가 이루어지면 새로운 목표를 정하세요.

상상력은 의지보다 열 배 이상의 힘을 발휘한다는 사실을 기억하세요. 저는 매일 같이 즐겁게 영어를 잘하게 되는 자신의 모습을 상상했습니다. 그랬더니 믿기 어려울 정도로 빠른 기간 내에 목적을 이루게 되었습니다. 상상력의 고삐를 풀면 우리는 한계를 훨씬 뛰어넘는 성취와 비전을 확신할 수 있습니다.

성공하려면 상상력을 발휘해야 합니다. 15세기 레오나르도 다빈치는 그 시절에 이미 현대의 비행기 설계도를 그렸습니다. 그의 상상력은 20세기 초에 최초의 비행기가 나오게 되는 원동력이 되었습니다. 상상력은 영국의 가난한 무명작가를 가장 돈 많은 여성으로 바꾸어 놓았습니다. 전 세계를 강타했던 『해리 포터』의 열풍은 영국 조앤 롤링의 상상력에서 비롯되었습니다. 마법의 세계는 먼 곳이 아닌 현실의 벽 건너편에 존재하고 있으며 인간세계와 끊임없이 서로 영향을 주고받는다는 기본 줄거리는 상상과 현실의 경계를 무너뜨리며 독자들의 혼을 빼앗았습니다.

이 같은 기발한 상상력은 영국의 고전적 대중소설을 자신의 언어로 구체화시킨 롤링의 피나는 노력으로 가능했습니다. 월 79파운드의 정부 보조금에 의지해 젖먹이 딸과 근근이 연명하던 가난뱅이 작가가 2년여에 걸친 습작과 독창적인 상상력에 기대어 현대의 신데렐라로 거듭났습니다.

사람들은 흔히 창조적 메커니즘이 시인이나 작가, 발명가, 혹은 그와 비슷한 일을 하는 사람에게만 있는 것으로 생각합니다. 그러나 상상력은 우리가 활동하는 모든 분야에서 창조적으로 작동됩니다. 스타벅스의 하워드 슐츠 회장은 한 이탈리아 도시의 거리를 거니는 장면을 떠올리면서, 온갖 상상력을 동원하여 열정과 낭만적인 분위기와 행복한 사람들로 가득 찬 가로변의 작은 카페를 머릿속에 그렸다고 합니다. 오늘 우리가 자주 찾는 스타벅스는 이러한 슐츠 회장의 상상적 노력의 결과입니다.

성공하려면 진정으로 원하는 것에 집중하는 적극적인 상상력을 발휘해야 합니다. 대충 대충 상상하면 그런 정도의 결과만 얻게 될 것입니다. 사람은 자기가 상상하는 대로 변해가게 되어 있으므로 적극적으로 상상할수록 무엇이든 변화시키고 창조하는 능력이 발휘됩니다. 이것은 절대 부인할 수 없는 분명한 사실입니다.

상상력을 이용하세요. 이미 성공한 자신의 모습을 마음속에 그리는 습관을 가지세요. 자신의 위치에서 성공하고 싶어 하는 일과 당신이 성공했을 때의 모습을 명확히 생각하는 습관을 익혀야 합니다. 가장 유력한 방법은 '당신이 될 수 있고, 할 수 있고, 가질 수 있는 것에 한계는 없다.'고 상상하는 것입니다.

> 상상은 지식보다 더 중요하다.
> – 아인슈타인 –

03
자기암시를 하라

인간의 잠재역량을 개발하는 데 가장 중요한 것은 마치 목표를 이미 이룬 것처럼 생각하고 행동하는 것입니다. '몇 개월 이내에 5kg을 뺄 거야.'라고 생각하는 대신 '나는 지금 몸무게가 몇 kg이다.'라고 생각하는 것이 효과적입니다. 우리의 뇌는 상상과 현실을 구분하지 못합니다. 성공한 사람들은 언제나 상상력이 뛰어납니다.

잠재의식은 과거의 말과 행동에 일치하도록 생각하고 행동하게 하려는 경향이 있습니다. 우리가 하는 모든 생각과 행동은 잠재의식에 저장됩니다. 지금부터 하는 생각과 행동 또한 잠재의식 속에 저장될 것입니다. 따라서 지금 원하는 것을 이루려면 목표를 이룬 모습을 무조건 사실로 받아들으세요. 그러면 이미 성공했을 때 필요한 모든 것들을 하나씩 끌어오기 시작할 것입니다.

새로운 목표를 생각하고 행동하면 잠재의식은 이 목표를 달성하기 위해 활성화됩니다. 집중해서 생각하면 할수록 그것은 현실이 될 가능성이 높습니다. 성공한 사람들은 자신의 목표가 완성될 때까지 오직 그것만 생각하고 집중하는 능력이 있다고 합니다. 우리도 원하는 것만 생각하고 말하고, 원하지 않는 것들은 생각하지 않도록 지속적으로 훈련해야 합니다.

우리의 뇌는 한 번에 한 가지만 집중할 수 있습니다. 오로지 자신이 원하는 것과 그것을 얻기 위한 방법만 생각해야 합니다. 새로운 습관을 계발할 때는 오히려 의식적인 노력을 하지 않는 것이 좋습니다. 긴장을 풀고 편안하게 휴식을 취할 때 원하는 것을 집중적으로 생각하세요. 그 생각은 잠재의식에 더 쉽게 흡수되고 실행할 때 원하는 결과를 더 빨리 이룰 수 있습니다. 행동이란 생각의 결과물입니다. 생각이 넘치면 자연스럽게 행동으로 이어집니다. 여러분이 계획한 것을 실천하지 않는 이유는 그것에 대해 생각하는 시간이 얼마 되지 않기 때문입니다. 생각만 많이 하는 것으로도 행동을 불러일으킬 수 있습니다.

자기암시에는 놀라운 힘이 있습니다. 자기암시란 오감을 통해 스스로 자기 마음에 자극을 주는 것을 말합니다. 자기암시는 자신의 생각이나 소원을 의식적으로 잠재의식에 주입하여 인생을 변화시키는 힘을 가지고 있다고 합니다.

01 자기암시의 3단계

① 목표를 글로 쓴다.

목표를 글로 쓰는 습관의 중요성은 아무리 강조해도 지나치지 않습니다. 3% 미만의 사람들만 목표를 글로 정리하며, 주기적으로 읽으며 검토하는 사람은 1%도 되지 않습니다. 사람들이 목표를 세우지 않는 이유는 삶에 진지하지 않기 때문입니다. 또한, 목표를 글로 쓰지 않는다는 것은 목표의 실현에 대한 믿음이 부족하다는 증거이기도 합니다.

② 믿음을 갖고 소리 내어 읽는다.

박지성 선수는 과거 무명시절 매 경기에 출전하기 직전에 '이 경기장에서 내가 최고다.'라고 마음속으로 되뇌었고, 이승엽 선수는 '혼이 담긴 노력은 배신하지 않는다', 김연아 선수는 '나는 실수하지 않고 침착하게 잘한다', 그리고 박찬호 선수는 '나는 반드시 빅 리거가 된다.'라고 스스로 주문을 걸었다고 합니다.

스티브 잡스는 무려 33년 동안 매일 아침 거울을 보며 '만약 오늘이 내 인생의 마지막 날이라면 오늘 내가 하려고 하는 일이 진정 내가 원하는 일인가.'라고 스스로에게 물었다고 합니다. 그러나 자기암시가 효과를 보기 위해서는 반드시 된다는 굳건한 믿음을 가지고 반복하여 읽어야 합니다.

③ 믿음을 가지고 곧바로 행동으로 옮긴다.

행동으로 옮기는 비결은 의지력이 아닙니다. 얼마나 간절히 원하느냐가 행동의 실천여부를 결정합니다. 계획은 세웠으나 아직 행동으로 옮기지 못하고 있다면 그것을 절실히 원하고 있지 않다는 증거입니다. 스스로 성공한 자신의 모습을 믿지 못하는 것입니다. 그러나 믿음을 가지면 달라집니다. 믿으면 주저 없이 행동하게 되며 행동할수록 목표실현에 다가서게 됩니다.

믿음을 주는 글을 벽, 천장, 책상, 화장실 등 눈에 잘 띄는 곳에 붙여두고 늘 마음을 자극시키세요. 잠재의식이 다른 곳으로 집중력을 분산시키지 못하도록 만드세요. 눈에 보이게 만드는 방법은 당신에게 목표 지향성을 심어주어 자신도 모르게 서서히 행동하게 될 것입니다.

우리가 최고의 사람이 되기 위해 필요한 것은 행동지향성입니다. 행동지향성은 어떤 생각이 나거나 기회가 다가왔을 때 재빠르게 움직이는 습관입니다. 자신에게 중요한 목표를 이루기 위해 취해야 할 행동에 대해 끊임없이 생각하세요. 그리고 완벽한 확신이 없더라도 당장 행동으로 옮기세요. 새로운 생각이나 가능성을 향해 신속하게 행동하는 습관은 우리에게 가장 필요하고 중요한 습관입니다.

자기 자신을 믿으세요. 그러면 모든 것이 달라집니다. 자기 스스로 믿지 못하면 절대로 다른 사람을 설득할 수 없습니다. 세상을 바꾼 혁신가들은 모두 다른 사람의 사고와 정해진 틀에서 벗어나 뚜렷한 자기 확신을 가진 사람들이었습니다. 자기 자신을 믿지 못하면 자신감을 가질 수 없으며 사람들은 자신감 없는 사람을 믿지 않습니다. 자신감을 가지세요. 그러면 그 자신감에 걸맞은 성취가 찾아옵니다.

> 어떤 자질을 원하든 마치 그것을 갖고 있는 것처럼 행동하라.
>
> - 윌리엄 제임스 -

04
긍정적 사고를 하라

대부분의 사람은 자신이 부정적인 사고를 하고 있다는 사실을 잘 깨닫지 못합니다. 공포와 이기심은 인간의 본성이기 때문입니다. 그러나 성공한 사람은 그 본성을 물리친 사람입니다. 긍정적인 정신자세를 가진 사람만이 인생에서 보상을 받습니다.

긍정적인 정신자세는 어떤 경우라도 자기에게 이익이 되는 방향으로만 생각하겠다는 삶의 자세입니다. 긍정적인 자세는 모든 문제를 자신이 통제할 수 있는 것과 없는 것으로 구분하는 습관입니다. 긍정적인 정신자세는 목표를 결정한 후 주위의 칭찬이나 비난에 연연하지 않고 목표를 향해 꾸준히 정진해 나가는 습관입니다. 따라서 어떠한 상황에서라도 감정이 흔들리지 않는 자세입니다.

좋은 습관과 나쁜 습관 모두 정신자세에서 비롯됩니다. 자신이 생각하는 긍정적인 좌우명을 적어 소리 내어 말하고 눈에 잘 띄는 곳에 붙이세요. 자꾸 반복하면 반복할수록 습관이 될 것입니다. 뛰어난 리더와 위대한 성취는 모두 긍정적인 정신자세를 바탕으로 하고 있습니다. 어떠한 상황에서도 불평하지 않는 습관을 길들여 보세요. 물론 쉽지 않은 일입니다. 그러나 그 대가는 엄청날 것입니다.

성공한 사람들은 낙관주의자가 많습니다. 낙관주의자는 본인이 원하는 것이 무엇인지, 어떻게 그것을 달성할 것인지 늘 생각합니다. 그리고 어떤 상황에서도 긍정적인 면만 찾으려 합니다. 어려움이 있을 때는 거기서 교훈을 배우고 결코 남의 탓을 하지 않습니다. 희망적이고 낙관적인 생각이 인간을 행복하고 긍정적으로 만든다고 합니다. 실천에너지를 증가시키고 창조성도 극대화됩니다. 부정적인 생각을 많이 할수록 원하지 않는 일들을 자신의 삶 속으로 끌어당기게 될 것입니다. 과거보다는 미래를 상상하는 사고습관을 길러야 합니다. 미래의 이상적인 결과를 상상하다 보면 열정이 살아나고 더 빨리 나갈 수 있는 동기부여가 되기 때문입니다.

01 긍정적인 사고습관 훈련

① 앞으로 10일 동안 자신의 감정을 다스려 어떠한 부정적인 감정에도 빠져들지 않겠다고 다짐합니다.
② 문제가 생길 경우 문제보다는 문제를 해결하는 데 생각하는 시간의 90%를 사용합니다.
③ 중간에 부정적인 생각을 했다면 다시 처음부터 10일 동안 긍정적인 사고 훈련을 합니다.
④ 10일 동안 어떠한 부정적인 사고를 하지 않았다면 긍정적 자세가 새로운 습관으로 완성됩니다.

성공이란 자신을 긍정적으로 바꾸려는 작은 훈련들이 모여 더 이상 지속적인 의지나 노력을 기울이지 않아도 성공에 적합한 습관을 유지하게 되는 결과물입니다. 도움이 되지 않는 습관은 버리고 진취적인 습관을 만들어가면서 점차 성공에 다가서게 됩니다.

오늘부터 남의 결점과 사소한 일은 웃어넘기세요. 세상에 그렇게 심각하게 받아들일 일들은 별로 없습니다. 오직 가치 있고 중요한 것은 당신의 꿈과 목표입니다. 그것을 이룬 모습만 생각하면서 매일 기분 좋은 시간을 보내세요. 무엇이든 당신이 생각한 대로 될 것입니다. 오늘부터 자기 마음의 주인이 되세요.

> 자신에 대한 믿음은 성공의 으뜸가는 비결이다.
> – 랄프 왈도 에머슨 –

05
멘토를 따라하라

위대한 인물들은 꿈을 가지고 있습니다. 우리는 그것을 비전이라고 부릅니다. 꿈은 미래를 내다보는 습관을 가진 사람들이 세우는 것입니다. 그런데 꿈을 이루기 위해서 필요한 자질은 용기입니다. 대부분의 사람들은 실패에 대한 두려움을 안고 살아갑니다. 이 두려움을 극복할 수 있는 방법은 두려워하는 일을 하는 것입니다. 두려워하는 일을 향해 적극적으로 행동하면 두려움이 사라집니다. 또한 자신에 대한 자기존경심도 커지게 됩니다.

실패는 성공의 반대가 아닙니다. 실패는 도전하지 않는 것입니다. 도전할수록 용기 있고 자신만만한 사람이 됩니다. 그래도 도저히 자신이 없고 꿈을 이룰 방법을 잘 모르겠다면 자신이 이루고 싶은 분야의 롤 모델을 찾아서 그대로 따라하세요.

이미 성공한 사람은 수많은 시행착오와 노력을 통해 지금의 자리에 도달했습니다. 어떤 분야에서 성공한 사람을 찾아내어 그들의 전략을 본받으면 막대한 시간과 노력을 절약하면서 그들이 이룬 결과를 손쉽게 획득할 수 있습니다.

> 당신이 다른 성공한 사람들이 하는 대로 따라하면
> 결국 당신도 그들이 이룬 성공을 똑같이 이룰 수 있을 것이다.
> 그러나 그렇게 하지 않으면 아무것도 이루어지지 않는다.
>
> – 브라이언 트레이시 –

06
시간을 잘 사용하라

빨리 일하는 습관을 들이세요. 오래 일하는 것은 일 못하는 사람들의 특징입니다. 일을 잘할수록 짧은 시간에 끝낼 수 있습니다. 그 대신 중요한 일을 하는 데 더 많은 시간을 활용해야 합니다. 일을 할 때는 중요도 순서대로 시간을 써야 합니다.

시간을 가장 잘못 사용하는 것은 불필요한 일을 하는 것입니다. 우리는 하루 일과 중 대부분 하지 않아도 될 일을 하는 데 시간을 낭비하고 있습니다. 불필요한 일 대신 중요한 일을 하는 데 시간을 우선적으로 사용한다면 남들보다 더 앞서 나갈 수 있습니다.

한 가지에 집중한다는 것은 그것을 제외한 나머지는 모두 버린다는 뜻입니다. 불필요한 것을 붙잡고 있으면 중요한 것은 아무것도 이룰 수 없습니다. 집중력이 뛰어나다는 것은 목표 이외의 것을 자연스럽게 버린다는 의미이기도 합니다. 어느 분야든 성공한 사람들은 선택과 집중이라는 말을 잘 이해하고 실천합니다. 자신이 중요하다고 생각하는 것에 시간을 안배하세요. 방해가 되는 것은 과감히 차단해야 합니다. 필요한 시간은 주어지는 것이 아니라 스스로 관리하고 만드는 것입니다.

스스로 진단해 보세요. 급한 일들은 대체로 중요하지 않습니다. 중요한 일을 하는 데 먼저 시간을 배분하세요. 성공한 사람들의 시간관리 습관은 신중하게 선택하고 집중해서 일하는 것입니다. 누구에게나 주어진 시간은 똑같습니다. 중요한 한두 개만 남기고 나머지는 모두 버리세요.

> 누구나 바쁘기는 쉽다. 그러나 효과적이기는 대단히 어렵다.
> – 알렉 맥켄지 –

★ 영어 잘하는 10가지 습관

1. 영어가 자신의 꿈을 이루어줄 도구라고 생각한다. 영어만 잘하려고 하는 사람은 영어를 잘하기 어렵다. 영어는 꿈을 이루려는 사람들에게 도구 역할을 할 때 과정으로 정복되는 것이다. 영어공부 하기 전에 자신의 꿈부터 점검하라.

2. 매일 한 시간씩 방 문을 닫고 국내 어학연수를 떠난다. 하루 한 시간 동안은 영어만 보고 영어만 생각하고 영어만 말한다. 어학연수를 떠나도 귀가 후 일과는 한국과 별반 다르지 않다.

3. 연습한 자료는 MP3 파일로 변환하여 운전할 때, 지하철에서, 걸을 때 듣는다. 자투리 시간으로 부족한 시간을 보충한다. 빌 게이츠는 책을 보기 위해 머리 감는 시간도 아까워했다고 한다. 결국 시간과의 싸움이다. 길에다 버리는 시간을 자신의 것으로 만들어라.

4. 귀로 하는 영어는 버리고 입으로 한다. 자신이 말할 수 있어야 들린다. 귀로 듣는 영어는 귀가 뚫린 다음에 하는 것이다. 귀가 뚫리면 그때부터 진짜 시작이다. 이제 남은 것은 노출뿐이다. 발음교정을 통해 먼저 귀를 뚫어야 한다.

5. 내용을 먼저 이해하고 영어를 읽는다. 소리가 들리고 구조가 보여도 내용을 모르면 이해가 되지 않는다. 한국어 지식이 부족한 사람은 영어의 내용도 이해하기 어렵다. 아이들이 한글을 먼저 이해하고 영어 그림책을 읽는 방식을 모방한다.

6. 자신과 처지가 비슷한 사람 중에 영어를 잘하는 사람을 따라한다. 외국에서 살다왔거나 영어강사를 막연히 따라하면 실패하기 쉽다. 자신과 외부환경이 비슷한 사람 중에 영어 잘하는 사람을 따라하면 성공가능성이 높아진다. 멘토를 잘 정하는 것도 능력이다.

7. 운동할 때 영어도 함께 한다. 영어는 공부보다는 운동에 가깝다. 영어를 책상 앞에 앉아야만 하는 습관이 문제다. 걸을 때나 운동할 때 영어와 함께 하는 일과를 만들어라. 그것만으로도 절반은 이룬 셈이다.

8. 가르칠 때 가장 빨리 배운다. 실력과 상관없이 자기보다 못하는 사람을 가르쳐라. 가르칠 때 학습내용의 90%까지 기억에 남는다는 뇌과학 이론이 있다.

9. 하루 일과 중 우선순위가 가장 낮은 것을 버린다. 우선순위가 높은 것과 바꾸면 실천하기 어려워진다. 실천 가능한 계획이 가장 유용한 계획이다. 인생을 좀먹는 나쁜 습관과 영어를 맞바꿔라.

10. 다양한 분야에 관심을 가지고 많은 독서를 해라. 미국에 사는 거지도 영어만은 잘한다. 미국의 거지와 같은 사람이 되기를 바라지 않는다면 결코 영어만 잘해서는 안 된다. 머리에 내용을 채워야 한다.

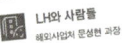

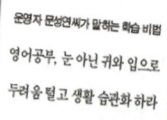